TOSCANI
DIE WERBEKAMPAGNEN FÜR
BENETTON
1984 - 2000

Für Erinna und Silvio

Lorella Pagnucco Salvemini

TOSCANI
DIE WERBEKAMPAGNEN FÜR
BENETTON
1 9 8 4 – 2 0 0 0

Aus dem Italienischen von
Irmela Arnsperger und Friederike Hausmann

KNESEBECK

DANKSAGUNG

Mein Dank gilt:
Paolo Cesaretti, der fest an mich und an dieses Projekt geglaubt und mir dadurch große Wertschätzung entgegengebracht hat, der ich hoffentlich gerecht geworden bin. Außerdem danke ich ihm für seine Freundschaft, die mehr wert ist als irgendeine Publikation.

Laura Pollini, Leiterin des Pressebüros von Benetton, die mir bei der Beschaffung der Bilder zu den Werbekampagnen wertvolle Hilfe geleistet hat.

Giancarlo Calcagni für all die Unterstützung in unserem gemeinsamen Alltag, die zu persönlich ist, um sie im Einzelnen hier anzuführen, aber auch zu bedeutend, um sie unerwähnt zu lassen.

L. P. S.

Bildnachweis
Alle Bilder stammen aus dem Archiv Benetton Group spa. Die Bilder 16, 21, 25, 27, 34, 60, 62, 71, 111, kommen, wenn nicht anders angegeben, aus dem Archiv Scala.

INHALT

VORWORT

VORWORT

Unsere gegenwärtige Gesellschaft ist immer mehr vom Triumph des Bildes und der Werbung geprägt. Deshalb kann es zum besseren Verständnis der Gegenwart nützlich sein, sich mit einer Disziplin wie der Werbung selbst näher zu beschäftigen. Da sich die Werbung durch ein Höchstmaß an Sichtbarkeit, Verbreitung und durch den Einsatz hochentwickelter Technologie auszeichnet, fängt sie die Grundtendenzen unserer Epoche vielleicht am besten ein.

Die Frage, inwieweit ein Produkt aus dem Bereich der Werbung, in dem sowohl extrem Banales als auch extrem Kreatives geschaffen wurde, als Kunstwerk anzuerkennen ist, stellt sich für jeden, der sich mit den Kunsttendenzen des 20. Jahrhunderts auseinandersetzt.

Diese Überlegung drängt sich nicht deshalb auf, weil durch die Zerstörung traditioneller Kunstauffassungen und das Aufkommen avantgardistischer Bewegungen jedes Objekt und jede Erfindung unterschiedslos die Anerkennung als Kunstgegenstand verdient – es geht vielmehr darum, dass sich eine Analyse der Zeit, in der die Konsumgesellschaft entstanden ist, mit den daraus hervorgegangenen kreativen Formen beschäftigen muss, und es ist nur logisch, dass diese sich nur als serielle und ephemere Objekte darstellen können.

Von der Massenproduktion der Waren bis zu der der Kunstwerke, die schon Walter Benjamin in seinem Buch über die Reproduzierbarkeit des Kunstwerks analysiert hat, und schließlich zur Werbung ist es nur ein kleiner Schritt. Die durch die neuen Techniken verbreiteten Kunstwerke stellen in der Tat aus wissenschaftlicher Sicht geradezu eine notwendige Konsequenz der Vermassung dar. Unvermeidlich entsteht eine Nachfrage des Konsumenten auch nach Kultur, die wie andere Produkte des Marktes aufgefasst wird. Diese Perspektive ist in mancher Hinsicht ebenso bedauerlich wie der Verlust der Einmaligkeit und jener »magischen Aura«, die jedem Meisterwerk einst eigen war.

Dennoch zeigt Benjamin an der Entheiligung und Vulgarisierung der Kunst, die sich von einer Kunst für die Eliten zur Kunst für die Massen verwandelt, durchaus auch die diesem Prozess innewohnenden pädagogischen und demokratischen Möglichkeiten.

Die Werbung schließlich – als ein Medium der Vervielfältigung von Bildvorstellungen, die zum Kauf verleiten sollen – erweist sich als sinnbildlich für das Bedürfnis der Grenzüberschreitung in der zeitgenössischen Ästhetik.

Um diese Thesen zu überprüfen, wird im vorliegenden Buch die Arbeit von Oliviero Toscani für Benetton untersucht. Toscani ist ein Revolutionär und wurde am Ende auch für Benetton unbequem, wie die plötzliche und unerwartete Beendigung der Zusammenarbeit im April 2000 verdeutlicht hat. Es ist sein Verdienst (oder seine Schuld), die herkömmlichen Werbestrategien auf den Kopf gestellt zu haben. Vor Toscani setzte die Werbung die süßliche Darstellung eines Lebens im Zeichen von Erfolg und leicht zu verwirklichendem Glück in Szene. Toscanis Arbeit führt zu einer totalen Demaskierung dieser falschen Mythen, denn die Botschaft seiner Schöpfungen ist Engagement und Anklage. Angefangen von der Verwendung von Reportageaufnahmen bis hin zur Auseinandersetzung mit schwierigen Themen wie Tod und Sex hat Toscani immer die Grenzen der Werbung überschritten und ein Terrain betreten, das bisher den Nachrichtenmedien beziehungsweise der Kunst vorbehalten war.

Dieser Übergang von der Plakatwand zur Museumswand macht es sinnvoll, aus einer künstlerischen Perspektive (unter Einbeziehung sozioanalytischer Aspekte) und unabhängig von vorgefassten Urteilen, von einem sterilen Pro oder Kontra, ein Phänomen zu analysieren, das ein typisches Produkt unserer chaotischen, umstrittenen und anfechtbaren Zeitläufe ist.

DIE STATIONEN DES LEBENS

DAS FAMILIÄRE UMFELD

Oliviero Toscani wurde als jüngstes von drei Kindern am 28. Februar 1942 geboren. Die ersten Kindheitsjahre verbrachte er mit seiner Mutter und seinen beiden Schwestern wegen des Krieges in Clusone, einem kleinen Ort in der Region Bergamo. Sein Vater Fedele Toscani arbeitete als Fotoreporter für den *Corriere della Sera* und gründete mit Vincenzo Carrarese zusammen die erste italienische Fotoagentur, »Publifoto«. Die Agentur verkaufte Bilder wichtiger Ereignisse unterschiedlichster Natur: von Schönheitswettbewerben über Verbrechen, Kunstausstellungen bis hin zu Fußballspielen[1]. Fedele Toscani war ein ungewöhnlicher Vater. Er kümmerte sich wenig um die – übrigens nicht gerade glänzenden – schulischen Leistungen seines Sohnes. Er vertraute ihm, ohne zu überprüfen, was ihm Oliviero erzählte, und hielt ihn deshalb fälschlicherweise für einen guten Schüler. Stattdessen erzog er ihn zu Unabhängigkeit und Nonkonformismus, nahm ihn oft mit zur Arbeit und ließ ihn an Sitzungen mit Kollegen teilnehmen. Oliviero lernte so die wichtigsten Journalisten des »Corriere« kennen: Indro Montanelli, Alberto Cavallari, Arrigo De Benedetti, Dino Buzzati. Oliviero Toscani erinnerte sich später daran, wie stolz er als Kind auf diese Besuche war: »Was konnte mir mein Lehrer noch erzählen, da ich doch bereits alles wusste? Er las die Zeitung, ich dagegen war am Vortag dabei gewesen, als sie gemacht wurde.«[2] Als Oliviero sechs Jahre alt war, schenkte Fedele ihm die erste Kamera, eine »Rondine« der Firma Ferrania. Damit begann sich der Sohn mit dem Beruf des Vaters zu identifizieren. Mit unstillbarer Neugierde fotografierte er alles, egal ob Personen, Objekte oder Ereignisse. In seiner Klasse wurde er zum offiziellen Fotografen ernannt. Die Leidenschaft für dieses Ausdrucksmittel verließ auch den Heranwachsenden nicht – es war also keineswegs so, dass es sich dabei nur um eine notwendige, aber vorübergehende Phase in der psychischen Entwicklung des Kindes gehandelt hätte. Im Juli 1957 war Oliviero zusammen mit seinem Vater in Rimini zu einer Reportage über die Wahl der Miss Italien, als vom *Corriere* die Nachricht kam, dass an diesem Tag die Leiche Benito Mussolinis in dessen Geburtsort Predappio überführt werden sollte. Die beiden begaben sich eilends zum Friedhof, Fedele drückte seinem Sohn eine Leica in die Hand und forderte ihn auf, sie zu benutzen, wenn er etwas Interessantes vor die Linse bekäme. Zurück in Mailand entwickelte der Vater auch Olivieros Film, überprüfte die Aufnahmen sorgfältig und kam dann zu dem Schluss: »Das Foto des Tages hast du geschossen.«[3] Oliviero hatte Rachele Mussolini beim Betreten der Kapelle fotografiert, kurz bevor sie in der Menge verschwand. Das erste Foto des nur fünfzehnjährigen Jungen ging um die Welt.

DIE AUSBILDUNG

Nachdem er nicht sehr regelmäßig verschiedene Schulen besucht hatte, wurde Oliviero Toscani 1961 in der Kunstgewerbeschule Zürich aufgenommen. Die Zulassungsbedingungen dieser in der Tradition des Bauhauses[4] stehenden Schule sahen vor, dass der Bewerber sich eine Woche lang täglich unterschiedlichen Prüfungen unterzog. Die Prüfungen stützten sich auf die Farbenlehre von Johannes Itten, der bezeichnenderweise der anarchischste und am stärksten mystisch veranlagte Dozent in Weimar gewesen war und sich mit östlicher Philosophie, mit Yoga und dem persischen Mazdaismus befasste.
Toscani wusste, dass er nicht zeichnen konnte und dass seine Machwerke eher beschämend waren – umso mehr wunderte er sich über das positive Urteil der Prüfer. So lernte er Deutsch und zog für die vierjährige Ausbildung nach Zürich. Zu seinen Mitschülern, mit denen er Freundschaft schloss, gehörten Peter Geiger, der später in Hollywood Monster kreierte, sowie Willi Spiller und Jürg Gasser, die sich mit dem soziologischen Aspekt der Fotografie beschäftigten.
Zu Toscanis Lehrern gehörten Walter Binder und Serge Stauffer. Ihnen ist es zu danken, dass der Student sich erstmals in seinem Leben für das, was er lernen sollte, begeisterte. Neben dem praktischen Unterricht fanden endlose Diskussionen mit den Lehrern statt, welche die Kreativität ihrer Studenten zu respektieren und zu stimulieren wussten.
Im Herbst 1964 veranstaltete Karl Paweg in Zürich die erste Weltausstellung der Fotografie. Die Ausstellung stand unter dem Motto »Was ist der Mensch?« und wollte einen weiteren Anstoß geben, über die Rolle der Fotografie als eines Mediums nachzudenken, das die Realität definitiv einfängt. In der Ausstellung ging es vor allem um »die Gegensätze, in denen die Menschen gefangen sind: der Konsum, die Klassenunterschiede, die Ausbeutung durch die Arbeit«[5]. All diese Themen wurden von dem Studenten Oliviero Toscani aufgegriffen, und sie beeindruckten ihn offensichtlich sehr, denn ein beträchtlicher Teil seiner

1. Marcel Duchamp, *Flaschentrockner*, 1914

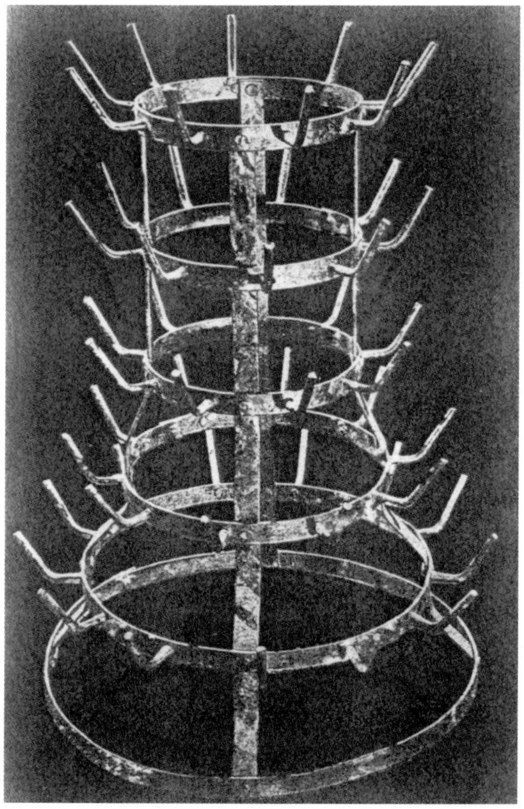

späteren Werke – auch als er für Benetton arbeitete – hatte mit dem zu tun, was er in seiner Ausbildung mitbekommen hatte. Schon in der damaligen Zeit stand er auf der Seite der so genannten *concerned photography*, denn er fühlte sich angezogen von Grenzüberschreitungen, vom Zusammenfallen von beruflichem und politischem Engagement. Ganz allgemein betrachtet treten in der Auswahl eines Bildes, eines bestimmten Themas, stets nicht nur der Geschmack und das künstlerische Konzept des Schöpfers zutage, sondern auch seine persönliche Weltanschauung und seine Wertvorstellungen, so dass die Ästhetik auf die Ethik verweist, welche schon allein durch die öffentliche Verbreitung eine gesellschaftliche Wirkung besitzt. In diesem Sinne gibt jedes veröffentlichte Foto eine Ideologie wieder.
Serge Stauffer hatte mit Marcel Duchamp zusammengearbeitet. Von diesem hatte er vermutlich die Tendenz zum ständigen Experimentieren übernommen, ebenso eine antibürgerliche Haltung, die Regeln, vorgefasste Meinungen und Vorurteile hasst, sowie den Witz und Sarkasmus dessen, der es gewagt hatte, ein Urinal in einer Galerie aufzustellen und es zum Kunstwerk zu erklären. Wenn man Stauffer als Schüler von Duchamp bezeichnen kann, so könnte man Toscani seinerseits als dessen Neffen ansehen. Sein künstlerisches Erbgut setzt sich aus den gleichen Genen zusammen. Es geht ihm genauso darum, das Vorgegebene zu entweihen und der Lächerlichkeit preiszugeben. Er kennt ebenso wenig Respekt, hasst den Bourgeois, will schockieren, immer wieder eine neue, vom Gewohnten abweichende Perspektive zeigen.
Mit dem Vater des Dadaismus zeigte sich Toscani später vor allem dadurch verwandt, dass es ihm auf Verschiebungen ankam, auf die Veränderung von Sinn und Wert eines Objekts je nach dessen Umgebung. Wie sich Duchamp die Freiheit herausnahm, Flaschentrockner (Abb. 1) und Fahrradreifen in Kunstgalerien auszustellen, so sollte Toscani Fotos aus Reportagen und mit sozialkritischen Inhalten zum Mittel der Werbung machen.
Als Fotograf bezieht sich Toscani nicht auf den Stil und die künstlerische Sprache Duchamps, doch er übernimmt die Geste und die *forma mentis*, die dahinter steht.

DIE WANDERJAHRE

Auch nach der Ausbildungszeit kam Toscanis rebellischer Geist nicht zur Ruhe, sondern fand im Gegenteil in ruhelosem Umherziehen eine neue Existenzform. Mit Jeans, langen Haaren und einem Bart à la Dschingis Khan[6] zog er zwischen Mailand, London, Paris und New York herum und überquerte den Atlantik bis zu vier Mal in einem Monat. Wie viele seiner Altersgenossen war er fasziniert vom Big Apple, der Stadt der Moderne *par excellence*, in der alles möglich scheint. Für Menschen wie Toscani, die die Welt mit wachem und vorurteilslosem Blick betrachten, besitzt sie eine unabweisbare Faszination.
Toscani besuchte das Max's Kansas City, den Treffpunkt der Avantgarde, und lernte dort Andy Warhol kennen, wie ein Foto aus dem Jahre 1973 beweist. Auf diesem Foto sind die beiden Arm in Arm zu sehen, beide gleichermaßen exzentrisch, mit herausforderndem Blick, halb geöffneten Lippen und einem angedeuteten Lächeln. Beide stecken die Hände – die Daumen jeweils lässig am Gürtel – in die Taschen ihrer Jeans, zu denen der Jüngere ein offenes Hemd, der Meister dagegen Jackett und Krawatte trägt. Warhol war damals auf der Höhe seines Erfolgs angelangt, wurde vom Publikum begeistert gefeiert und auch von der kritischen Kunstwelt anerkannt. In den siebziger Jahren widmete er sich mehr denn je dem Porträt. Aufgrund seiner Erfolge mit den Serien über Marilyn, Liz, Jackie und über Mao (1972) erhielt er Aufträge von »Staatsoberhäuptern, Politikern, Monarchen, Industriellen, Frauen aus der internationalen Gesellschaft, Sportlern, Rockstars und Tänzern«[7]. Warhol wurde zum Regisseur eines gesellschaftlichen Mechanismus, der bewirkte, dass sich niemand endgültig als Berühmtheit fühlen konnte, solange er nicht von ihm porträtiert worden war.[8]
Vermutlich war der einunddreißigjährige Toscani vom Vater der Pop-Art aber nicht bloß deshalb fasziniert, weil dieser ein arrivierter Künstler war – vielmehr fühlte der Fotograf wohl eine gewisse Affinität zu denjenigen Seiten der Persönlichkeit des Freundes, die auf Provokation abzielten. In seiner Arbeit richtete Warhol sein Augenmerk auf die »Manipulation der Bilder aus den Massenmedien, Bilder von Katastrophen, Berühmtheiten und Waren«[9]. Genauso ging auch Toscani später in den entscheidenden Jahren seiner Zusammenarbeit mit Benetton vor. Indessen fand er Zugang zur Welt der Mode und arbeitete für *Vogue* und *Elle*. Er gab sich aber nicht damit zufrieden, an der Konstruktion von Mythen wie denjenigen der Models Pat Cleveland oder Apollonia mitzuwirken und deren verführerische, aber nicht weniger stereotype Porträts an Modezeitschriften zu verkaufen. Stattdessen interessierte er sich etwa für die Lage der Schwarzen in Amerika.
Er machte eine Reportage über Harlem und bot sie dem überraschten

DAS KÜNSTLERISCHE ERBGUT TOSCANIS SETZT SICH AUS DEN GLEICHEN GENEN ZUSAMMEN WIE DAS VON DUCHAMP. ES GEHT IHM DARUM, DAS VORGEGEBENE ZU ENTWEIHEN UND DER LÄCHERLICHKEIT PREISZUGEBEN.

und ungläubigen damaligen Direktor des Verlags Condé Nast, Alexander Libermann, an. Dieses unerhörte und inakzeptable Angebot war völlig unvereinbar mit den Prinzipien und Gewohnheiten der Verlagsstrategie, die sich bis dahin bewährt hatte. Dementsprechend erschien es als absolut undenkbar, auf den Hochglanzseiten einer der wichtigsten Frauenzeitschriften der USA – in welcher der Luxus, das Ephemere und der schöne Schein zelebriert wurden – ungeschminkte und abstoßende Bilder von Diskriminierung, Armut und Elend zu zeigen.

DER ERSTE SKANDAL: DIE JESUS-JEANS

Maurizio Vitali erbte 1966 im Alter von knapp 23 Jahren die Textilfabrik Maglificio Calzificio Torinese. Die Firma besaß auch das Markenrecht für die Bademode von Beatrix und für Pullover und Strümpfe von Robe di Kappa.

Sein leidenschaftliches Interesse für die Fotografie und die Werbung hatte Vitali mit Toscani Freundschaft schließen lassen. Dieser riet ihm dazu, auch Jeans herzustellen. Bei einem gemeinsamen Spaziergang über den Broadway drei Jahre später nahm Maurizio den Rat des Freundes an. Gigantische Lichtreklamen kündigten über ihren Köpfen das gerade mit großem Erfolg laufende Musical »Jesus Christ Superstar« an. Oliviero war sofort davon überzeugt, dass die neuen Jeans »Jesus« heißen sollten.[10]

Diese gänzlich zufälligen Umstände führten 1973 zur Entwicklung der ersten Aufsehen erregenden Werbekampagne Toscanis. Vitali hatte mit Muccini, Pirella und Goettsche, den damals bekanntesten Kreativen, gebrochen, da er das von ihnen entwickelte Konzept als seinen Zielsetzungen unangemessen und zu wenig innovativ betrachtete.[11] Er beschloss, sich selbst umzusehen und nur mit Toscani zusammenzuarbeiten. Um Ideen zu entwickeln, gingen die beiden gemeinsam Zeitschriften und Zeitungen durch, die der Industrielle im Laufe seiner Reisen gesammelt und ausgeschnitten hatte. Die Fantasie des Fotografen wurde von einer kleinen Schwarzweißaufnahme angeregt, auf der die schlammverspritzte Hose eines Rugbyspielers von hinten zu sehen war. Dieses Foto assoziierte er mit einer Aufnahme, die seine Verlobte Donna Jordan, ein berühmtes Model, in Hot Pants zeigte. Er bat sie, diese nochmals anzuziehen, dann stellte er sie vor eine Wand und machte die Hose mit Sicherheitsnadeln so eng und so kurz, dass die Pobacken fast völlig unter dem Stoff heraustraten. Das Resultat dieser hektischen Arbeit ist eine höchst aufregende Fotografie (Abb. 2). Sozusagen als Kehrseite eines Brustbilds, in leichter Untersicht aufgenommen, erscheinen die perfekten, knackigen Rundungen in Großaufnahme; ein raffiniertes Spiel von Licht und Schatten betont die Kurven und erhöht die Plastizität. Das Bild stellt unverkennbar einen Aufruf zu unverkrampfter und freizügiger Sexualität dar. Er wird nur teilweise zurückgenommen durch die doppelbödige Anspielung des Slogans, den Emanuele Pirella später anbrachte, indem er ohne jede Paraphrase die Aufforderung Christi benutzte: »Wer mich liebt, der folge mir«.

Das war so skandalös, dass der Vatikan das Plakat in dem damals noch einflussreichen »Osservatore Romano« als blasphemisch verurteilte.[12] Darauf reagierte Pier Paolo Pasolini auf der nicht weniger einflussreichen Dritten Seite des *Corriere della Sera* mit einem Artikel, der noch mehr Aufsehen erregte.[13] Pasolini war als Schriftsteller, Dichter und Regisseur ohnehin wegen der Anstößigkeit der Themen, mit denen er sich auseinander setzte, bekannt – angefangen von den Romanen *I ragazzi di vita* und *Una vita violenta* über die Gedichtbände *Gramscis Asche* und *La religione del mio tempo* bis hin zu Filmen wie *Accattone*, *Das Dekameron* und *Mamma Roma*. In den letzten zwei Jahren bis zu seiner grausamen Ermordung 1975 äußerte sich Pasolini immer kri-

DAS PLAKAT WIRD ZUM SKANDAL. DER VATIKAN SPRICHT IM *OSSERVATORE ROMANO* VON BLASPHEMIE.

tischer über das zeitgenössische Italien. Die Werbekampagne für die Jesus-Jeans wurde für ihn zu einer Gelegenheit, seine »radikale intellektuelle Kritik an den hochentwickelten Gesellschaften«[14] vorzubringen, wie Alfonso Berardinelli, einer der nonkonformistischsten, schärfsten Literaturkritiker Italiens schreibt. Mit der visionären Weitsicht, die erst nach seinem Tod Anerkennung fand, verweist Pasolini in seinem Artikel auf den Kern seiner soziologischen Analyse, nämlich die rasche und unausweichliche anthropologische Veränderung der italienischen Gesellschaft durch den Wandel der Konsumgewohnheiten. Nach Pasolini dient die neue Bourgeoisie, stark angewachsen und selbst zur Masse geworden, auch der Arbeiterklasse als Vorbild. Sie erweist sich als immer weniger empfänglich für die kirchlichen Wertvorstellungen, die sie in der Vergangenheit prägten, und öffnet sich immer mehr einer profanen Spiritualität, deren Riten konsequenterweise nicht mehr in der Kirche, sondern im Supermarkt stattfinden.

»Es scheint verrückt [...], aber der Fall der ›Jesus-Jeans‹ ist für all das symptomatisch«[15], schreibt Pasolini. »Im Zynismus dieses Slogans liegt eine absolut neue Dichte und Unschuld, auch wenn dieses Neue vielleicht schon seit Jahrzehnten heranreifte. Er beschreibt mit lakonischer Selbstverständlichkeit ein Phänomen, das mit einem Schlag fertig und als vollendete Tatsache in unser Bewusstsein trat: Die neuen Industriellen und die neuen Techniker sind völlig laizistisch, das heißt von einer Weltlichkeit, die sich nicht mehr an der Religion misst.«[16] Als ein präziser Beobachter der epochalen Umbrüche im Augenblick ihres Geschehens bringt Pasolini zum Ausdruck, wie sehr ihn der Prozess dieser sozialen Metamorphose beunruhigt. Innerhalb der Profanierung der Gesellschaft sieht er einen »neuen Wert«, der »in der Entropie der bürgerlichen Gesellschaft entstanden ist, in der Religion als Autorität und Form von Herrschaft verkümmert und bloß noch als natürliche Basis für Massenkonsum und als missbrauchte Folklore überlebt«[17]. Nach Pasolini überwältigt das neue Zeitalter des Konsums alles und macht alles zur Ware. Diesem Schicksal kann sich auch die Kirche nicht entziehen, die damit ihre längst anachronistische Rolle als spiritueller Garant des Jenseits aufgeben muss. Da es keine Gläubigen, sondern nur noch Konsumenten gibt, passt man sich, um weiterzuleben, den herrschenden Marketingstrategien an, und auch der Glaube reiht sich so unter die Konsumgüter ein.

Wenn die Religion zum Verkauf steht, so Pasolini, legitimiert dieses Phänomen auch die Umkehrung der Verhältnisse: Die Werbung stützt sich nun zum Zwecke der Verkaufsförderung auf die Religion. Daher rührt der »blasphemische Geist«[18] von Toscanis Plakat, auf dem Pirellas Slogan »Wer mich liebt, der folge mir« mehr ist als bloß ein »skrupellos-origineller Einfall (nach dem Modell des angelsächsischen ›Jesus Christ Superstar‹), denn er lässt Deutungen zu, die zwangsläufig unendlich sind. Der blasphemische Geist bewahrt im Slogan die ideologischen und ästhetischen Momente der Expressivität.«[19] Daraus folgt für Pasolini: »Der ›Jesus-Slogan‹ beschränkt sich nicht darauf, seine Jeans als unverzichtbares Konsumgut anzupreisen«[20], wie es für die Werbung gängig und selbstverständlich ist, »er bezeichnet vielmehr einen – wenn auch unbewussten – Akt der Nemesis, der die Kirche für ihren Pakt mit dem Teufel bestraft«[21], welcher in diesem Fall im neuen Gewand des Konsumismus wieder aufgetaucht sei. Angesichts des Dämons der Ware sei der »Osservatore«, so Pasolini, »diesmal tatsächlich hilflos und machtlos«, und er habe es »mit einem Phänomen zu tun, das sich nicht mehr rückgängig machen lässt, auch wenn es vielleicht sehr verfrüht gekommen ist: In ihm steckt der neue Geist der zweiten industriellen Revolution und der damit verbundenen Wandlung der Werte.«[22]

Die Werbekampagne für die Jesus-Jeans war in Pasolinis Augen so emblematisch für seinen Gedankengang, dass er unter dem Titel »Entwicklung und Fortschritt« in einem anderen Aufsatz, der später in den *Freibeuterschriften* veröffentlicht wurde, noch einmal darauf zurückkam. In einer Prosa, die – wenn überhaupt möglich – noch eindringlicher und prägnanter ist, geht er dort der Symbolfunktion und den Widersprüchen nach, die den zuvor bereits erkannten Phänomenen innewohnen: dem des »›Jesus‹ in seiner Erscheinungsform als Jesus des Vatikans auf der einen und des Bluejeans-Jesus auf der anderen Seite. Zwei Formen von Macht stehen einander gegenüber: hier die große Schar der Priester, der Rechtdenkenden und Meuchelmörder; dort die Industriellen, Produzenten von überflüssigen Gütern, und die großen laizistischen und auf vielleicht dumme Weise irreligiösen Massen von Konsumenten.«[23] Prophetisch sieht Pasolini das Ende des Klassenkampfes erreicht, der abgelöst werde durch einen mörderischen Wertekrieg innerhalb der Bourgeoisie selbst, welcher auf den

2. Auf dem Cover des Buches von A. Abruzzese, *Metafore della pubblicità*, (Genf 1988), ist Oliviero Toscanis Werbeplakat für die Jesus-Jeans abgebildet

enormen industriellen Aufschwung des Landes folge. Die Euphorie des Wirtschaftswunders in den sechziger Jahren, der Wohlstand und der zügellose Konsumrausch hätten, so Pasolini, die Gewohnheiten und Denkweisen der Italiener zutiefst verändert. Die Studentenrevolte von 1968 und die Erdölkrise seien nur vorübergehende Erscheinungen gewesen, die im kollektiven Bewusstsein nur am Rande eine Rolle spielten. Sie hätten den inzwischen als unveräußerliches Recht betrachteten Konsum kaum zu verringern und schon gar nicht nachhaltig zu treffen vermocht.

Für Pasolini veranschaulicht der »Kampf zwischen dem Jesus des Vatikans und dem Jesus der Bluejeans«[24] jenseits der Metapher nicht so sehr den Gegensatz zwischen Hedonismus und Spiritualität, wie es der Situation angemessen wäre, sondern lediglich die Wahl zwischen zwei Konsumgütern: dem Produkt der Kirche und dem Produkt der Industrie. Über den Ausgang dieser Auseinandersetzung sagt Pasolini lapidar: »Der Jesus des Vatikan hat verloren. Die klerikal-faschistische Macht ist heute zerrissen zwischen diesen beiden Jesustypen: zwischen der alten Form der Macht und der neuen Realität der Macht.«[25]

Nur in einer Hinsicht zeigte sich Pasolini optimistisch. So erklärte er – wenn auch etwas voreilig, denn sein Optimismus sollte von den Ereignissen widerlegt werden – zu den Klagen des Vatikans über das Plakat: »Diesmal haben die Klagen keine Folgen. Die *longa manus* hat sich merkwürdigerweise nicht bewegt. Italien ist bepflastert mit Plakaten, auf denen ein Hintern in Jeans mit der Aufschrift ›Wer mich liebt, der folge mir nach‹ zu sehen ist.«[26]

Die *longa manus* zögerte jedoch nicht lange: Das Plakat Toscanis wurde nach kurzer Zeit von der Zensur beschlagnahmt und verschwand von den öffentlichen Werbeflächen.

ANMERKUNGEN

1. O. Toscani, *Ciao mamma*, Mailand 1995, S. 16
2. Ebenda
3. Ebenda, S. 15
4. Ebenda, S. 20
5. W. Binder, in: ebenda, S. 21
6. Ebenda, S. 137
7. K. McShine, »Introduzione«, in: *Andy Warhol, Una retrospettiva*, Mailand 1990, S. 19
8. Ebenda
9. Ebenda, S. 16 f.
10. O. Toscani, a. a. O., S. 107
11. Ebenda, S. 108
12. Ebenda, S. 110
13. P. P. Pasolini, »Il folle slogan dei Jeans Jesus«, in: *Corriere della Sera*, 17. Mai 1973; dt.: Pier Paolo Pasolini, »Linguistische Analyse eines Werbeslogans«, in: *Freibeuterschriften. Die Zerstörung der Kultur des einzelnen durch die Konsumgesellschaft*, neu hg. v. Peter Kammerer, Berlin 1998, S. 28 ff.
14. A. Berardelli, »Prefazione«, in: P. P. Pasolini, *Scritti Corsari*, Mailand [6]1995, S. XI
15. P. P. Pasolini, »Linguistische Analyse eines Werbelogas«, a. a. O.
16. Ebenda
17. Ebenda
18. Ebenda
19. Ebenda
20. Ebenda
21. Ebenda
22. Ebenda
23. P. P. Pasolini, *Scritti Corsari*, a. a. O., S. 177 f.
24. Ebenda, S. 178
25. Ebenda
26. Ebenda

DIE BENETTON-GRUPPE

DIE BENETTON-GRUPPE
DIE BENETTON-GRUPPE

3. *Benetton*,
Karikatur von Copi.
Herbst/Winter 1970-71

DAS UNTERNEHMEN

Das Abenteuer der Firma Benetton begann 1965 in Ponzano Veneto, einem kleinen Ort in der Gegend von Treviso, als Giuliana, Gilberto, Carlo und Luciano Benetton beschlossen, einen Betrieb zur Fabrikation von Textilwaren zu gründen.

Die Firma war ein kleiner Familienbetrieb wie viele andere in der Gegend, doch von der Konkurrenz hoben sich die tüchtigen und unternehmungslustigen Geschwister ab, indem sie als Neuerung das so genannte »Ganzfärben« einführten, eine Methode, bei welcher das Kleidungsstück erst gefärbt wird, wenn es fertig ist, und nicht, wie bisher üblich, schon während der Produktion. Durch diese Neuerung konnte die Rückgabe unverkaufter Waren wesentlich verringert werden, denn die Farbpalette ließ sich den Kundenwünschen entsprechend variieren, und aufgrund der sicheren Nachfrage minimierte sich das Risiko.

Die Bandbreite der Farben machte den außerordentlichen Erfolg von Benetton aus, durch den die Firma »in nicht einmal 20 Jahren von einem Betrieb, der für die Marktplätze der Umgegend produzierte, [...] zu einem weltweit operierenden Konzern aufstieg«[1]. Heute ist Benetton eine Aktiengesellschaft, die in 120 Ländern mit mehr als 5300 Geschäften präsent ist. Die Firmenplanung sieht bis zum Jahr 2002 die Eröffnung von weiteren 100 Megastores in ganz Europa vor, wie Gilberto Benetton auf einer Pressekonferenz am 29. März 2000 voller Enthusiasmus erklärte. Bei dieser Gelegenheit kündigte er auch die Entwicklung von Internetaktivitäten an, für die die Gesellschaft United Web gegründet wurde.[2]

Benetton produziert jährlich im Rahmen seiner verschiedenen Kollektionen über 100 Millionen Kleidungsstücke – angefangen bei der traditionellen Freizeitmode für Männer, Frauen und Kinder über Unterwäsche bis hin zu Sportkleidung.

Zusätzlich zu den berühmten Marken »United Colors of Benetton«, »Sisley« und »012« wurden im Sommer 1997 die Marken »Prince«, »Rollerblade«, »Nordica« und »Killer Loop« erworben, so dass die Firma seitdem auch auf dem Gebiet der Herstellung von Sportausrüstungen für Tennis, Ski, Eissport usw. aktiv ist.

Einen dritten Schwerpunkt der Produktion bilden Accessoires wie Schuhe, Taschen und Brillen.

Der unglaubliche Erfolg von Benetton basiert auf einer Strategie, die für jeden Organisationsbereich ununterbrochen nach Neuem sucht – sei es in der Werbung, bei der Entdeckung neuer und ungewöhnlicher Materialien, im Bereich der oftmals beeindruckenden Technologie, die im Industrieschwerpunkt Castrette in der Nähe von Treviso eingesetzt wird, oder bei der Struktur des engmaschigen und gleichzeitig weltweiten Vertriebsnetzes.

DIE UNTERNEHMENSSTRATEGIE

Im Laufe ihres Wachstums entwickelte die Firma eine wirksame Strategie, die darauf abzielte, in den Stadtzentren in Italien, in den USA, im Mittleren Osten, in der Europäischen Union und im Ostblock Benetton-Geschäfte zu eröffnen – so etwa in London, Berlin, Paris oder Wien, aber auch in Budapest, Bukarest, Prag und Sarajevo. Sogar in Indien und Mexiko hat Benetton inzwischen Fuß gefasst. In New York betreibt die Firma einen sich über drei Stockwerke erstreckenden Laden in dem angesehenen Scribner Building in der Fifth Avenue, wo früher der gleichnamige Verlag untergebracht war, der Hemingway, James, Stevenson und Scott Fitzgerald zu seinen Autoren zählte. Die Restaurierung des 1912 von Ernest Flagg entworfenen Gebäudes, das heute auch Sitz der Benetton Group in New York ist, hat den ursprünglichen Glanz der Architektur wiederhergestellt. In den letzten Jahren wurden immer mehr Geschäfte mit großen Verkaufsflächen ausgestattet, auf denen dem Kunden eine Vielzahl von Artikeln angeboten werden kann. Zu den wichtigsten Neueröffnungen der letzten Jahre gehören die Filialen in Athen, Mailand, Rom und Wien, ebenso das siebenstöckige Geschäft in der Omotesanda-Straße in Tokio, wo auch die japanischen Firmenbüros untergebracht sind; in Moskau besitzt

4., 5., 6. *Benetton*, 1966–83

7. *Benetton*, Herbst/Winter 1975–76

Benetton das größte Geschäft einer einzelnen Marke in ganz Russland und in Hamburg einen der deutschlandweit größten Megastores. Bis Ende des Jahres 2001 sollten in London und New York sowie in Paris auf den Champs-Élysées, an der Oper und auf dem Boulevard Haussmann neue Geschäfte entstehen.

All dies diente dem Zweck, eine absolute Präsenz der Marke in der Öffentlichkeit zu erreichen; die Standorte sollten so zentral wie möglich sein. Ganz offensichtlich war diese Vertriebsstrategie die Stärke der Firma; sie bildete die Grundlage für die Entwicklung des Images und den steigenden Bekanntheitsgrad der Marke, welche dann durch die Werbestrategie aufgegriffen und erweitert werden sollten.

Unter diesen Voraussetzungen konnte sich Toscani die Extravaganz erlauben, Werbekampagnen zu entwickeln, die auf die Visualisierung des Produkts verzichteten – das Unternehmen war unabhängig von ihm und von seinem kreativen Beitrag ja schon weithin bekannt. Ohne diesen gesicherten Background wäre es wohl schwer denkbar gewesen, dass ein Auftraggeber – selbst von der geistigen Offenheit eines Luciano Benetton – eine derart paradoxe Form der Werbung akzeptiert hätte, die im Kern ja eigentlich eine Negierung der Werbung darstellt.

Mit Toscani spricht man schweigend. Was publik gemacht werden soll, fehlt, die Ware ist zwar vorhanden, aber nicht sichtbar, sie bleibt etwas Ungreifbares, Geheimnisvolles und wird gerade deshalb umso attraktiver.

Wie Jean Baudrillard es formulierte, bedient sich der Mechanismus des Kaufanreizes normalerweise einer unbewussten Identifizierung zwischen Konsument und Ware. Es wird »ein ganzes Psychodrama in Gang gesetzt, das dazu führt, die eigene Passivität zu akzeptieren und zum Konsumenten zu werden.«[3] Das Neue, das Toscani einbrachte, bestand einfach darin, die Neugierde des potenziellen Kunden zu wecken, ihn dazu anzuregen, sich zu fragen, wie wohl jene Kleider aussähen, die auf dem Plakat nicht abgebildet sind und nur durch das Logo »United Colors of Benetton« angedeutet werden.

Die Bilder provozieren eine gewisse Frustration, weil man nicht Bescheid weiß, eine vage Unzufriedenheit, weil man nicht auf dem Laufenden ist. Dem begegnet man am besten dadurch, dass man den nächstbesten Benetton-Laden aufsucht.

Junge hübsche Verkäuferinnen, die lächeln und entsprechend ausgebildet sind, werden das Werk unfehlbar zu Ende führen. Der Konsument wird als sichtbares Zeichen seiner Befreiung aus dem Zustand der Unwissenheit ein Kleidungsstück kaufen.

DIE BENETTON-WERBUNG VOR TOSCANI

Von 1966 bis 1983 schien die Benetton-Werbung zwar einerseits den typischen Standards der klassischen Werbung zu folgen, andererseits aber griff sie bereits einige Elemente der soziokulturellen Entwicklung auf, die Oliviero Toscani später stärker herausarbeiten sollte.

Das Unternehmen expandierte in atemberaubendem Tempo: 1975 existierten allein in Italien 1000 Geschäfte, 1979 250 in Deutschland, 280 in Frankreich, 100 in Großbritannien, je 25 in Holland und Belgien, und ein Jahr später eröffnete die Niederlassung in New York. Mit dieser Entwicklung hielt die Werbestrategie nicht Schritt.

Die ersten Werbekampagnen wurden von Carlo Mazzaro entwickelt, der die Arbeit der – bis 1972 als Studio Formica bekannten – Agentur Planad leitete.

Da das Unternehmen Freizeitmode zu Preisen herstellt, die für ein jugendliches Publikum attraktiv sind, waren auf den Plakaten Mädchen und Jungen abgebildet, die die jeweils aktuellen Modelle präsentierten (Abb. 4, 5, 6, 10). Die ganze Inszenierung huldigt dem Gebot des Realismus. Professionelle Models posieren vor der Kamera und setzen ein gezwungenes Lächeln auf, alles soll den Eindruck von Jugend, Schönheit, Gesundheit und Unbeschwertheit vermitteln.

Der Hintergrund und das Ambiente der Aufnahmen sind leicht zu identifizieren: der schiefe Turm von Pisa, weiße Strände und transparentes Wasser, Parks und Gärten.[4]

arrivano i benetton
benetton
COTONE PER L'ESTATE
JEAN'S WEST
PANTALONI E CAMICIE
CONVERTIN

BARTELLI
BILLY WHITE CLOUD
BOB FORTUNA
MICK
BRIAN DIXON
JEAN'S WEST
PANTALONI E CAMICIE

8. *Benetton*,
Herbst/Winter 1975–76

9. *Benetton*,
Frühling/Sommer 1975

10. *Benetton*,
Herbst/Winter 1983–84

Diese banalen Bilder erscheinen wie eine Illustration zu den interessanten Überlegungen von Roland Barthes, wonach sich die »Geographie der Mode als ›Anderswo‹ auszeichnet, ein utopisches ›Anderswo‹, für das alles Exotische steht«[5].

Auf der anderen Seite spielt diese Art von Werbung, bei der häufig drei oder vier Jugendliche gemeinsam abgebildet sind, mit dem Drang zur Anpassung an die *peer-group* als ein für dieses Alter typisches Verhalten. Es geht um den »Traum von Identität«[6], der die Jugendlichen dazu bringt zu wünschen, gleichzeitig »man *selbst* zu sein und von den anderen als dieses *Selbst* anerkannt zu werden«[7].

Der Inhalt dieser Botschaft ist doppelbödig, vermittelt aber ein Sicherheitsgefühl, denn er verspricht die Versöhnung der Gegensätze und die Möglichkeit, sich für die Verwirklichung der eigenen Persönlichkeit und gleichzeitig für die Anpassung an die Altersgruppe entscheiden zu können.

Diese Art von Werbung erlaubt die Formulierung widersprüchlicher Prinzipien: der Gedanken »ich bin ich«, aber auch »ich bin wie die anderen«, da »meine Kleidung zugleich genauso und doch anders als die meiner Freunde ist«.

Das psychologische Paradox dieser »prähistorischen Phase der Benetton-Werbung«[8] lag somit in den »beiden Kategorien Einheit und Vielfalt«[9], die Toscani von Benetton übernahm.

Es ist jedoch hervorzuheben, dass der Werbefotograf auch bereits einige Elemente vorfand, in denen das Aufbegehren der Jugend der siebziger Jahre formuliert worden war. Im Jahr 1971, als die Marke Jeans West herauskam und die Unisex-Mode ihren Durchbruch erlebte, zeigte die Werbung den neuen Typus der unabhängigen, autonomen Frau, die – bis dahin typisch männliche – Verhaltensweisen wie Rauchen, Billardspielen oder Jeepfahren übernimmt. Vom Auftreten über die Kleidung ist es nur noch ein kleiner Schritt zu einer weiblichen Identität, die sich als frei, vielschichtig, energisch und durchaus maskulin versteht. Deshalb kleiden sich beide Geschlechter gleich – die Frau trägt die gleichen Hosen wie der Mann, die gleichen Hemden, Jacken und natürlich auch das Phallus-Symbol *par excellence*, die Krawatte.

Auch in der Musik, der Kunst, dem Film und dem Theater waren diese Jahre von scharfen Gegensätzen und Brüchen gekennzeichnet. Die Idole der Jugendlichen, mit denen sie sich identifizierten und denen sie nacheiferten, waren rebellische Persönlichkeiten.

Diesen Trend griff Benetton mit der Werbekamagne der Jahre 1975/76 auf – in der Avantgarde-Zeitschrift *Gong* waren die Idole der Jugend in Benetton-Kleidung abgebildet.

Mick Jagger (Abb. 7), Jimy Hendrix, Frank Zappa, Andy Warhol (Abb. 8) und die spärlich bekleidete, sinnliche Laura Antonelli sowie Salvador Dalí, abgebildet, wie er ein Plakat für die Abtreibung aufhängt – sie alle wurden gleichermaßen zu Trägern der Unternehmensphilosophie, die den Nonkonformismus und den Freiheitsdrang der Kundschaft zum Ausdruck brachte.

Erweitert und vertieft bildeten diese Themen eine Art Leitmotiv auch der künftigen Werbekampagnen.

ANMERKUNGEN

1. A. Semprini, *Analizare la comunicazione*, Mailand 1997, S. 34
2. *Benetton aprirà 100 megastore entro il 2002*, AGI Daily New Service, 29. März 2000
3. J. Baudrillard/V. Codeluppi (Hrsg.), *Il sogno della merce*, Mailand 1987, S. 99
4. A. Semprini, a. a. O., S. 34
5. R. Barthes, *Die Sprache der Mode*, Frankfurt a. M. 1984, S. 257
6. Ebenda, S. 261
7. Ebenda
8. A. Semprini, a. a. O.
9. Ebenda

11. Fabrica, Forschungszentrum für Werbung (Catena di Villorba, Treviso); rechts: Villa Minelli (Ponzano Veneto, Treviso)

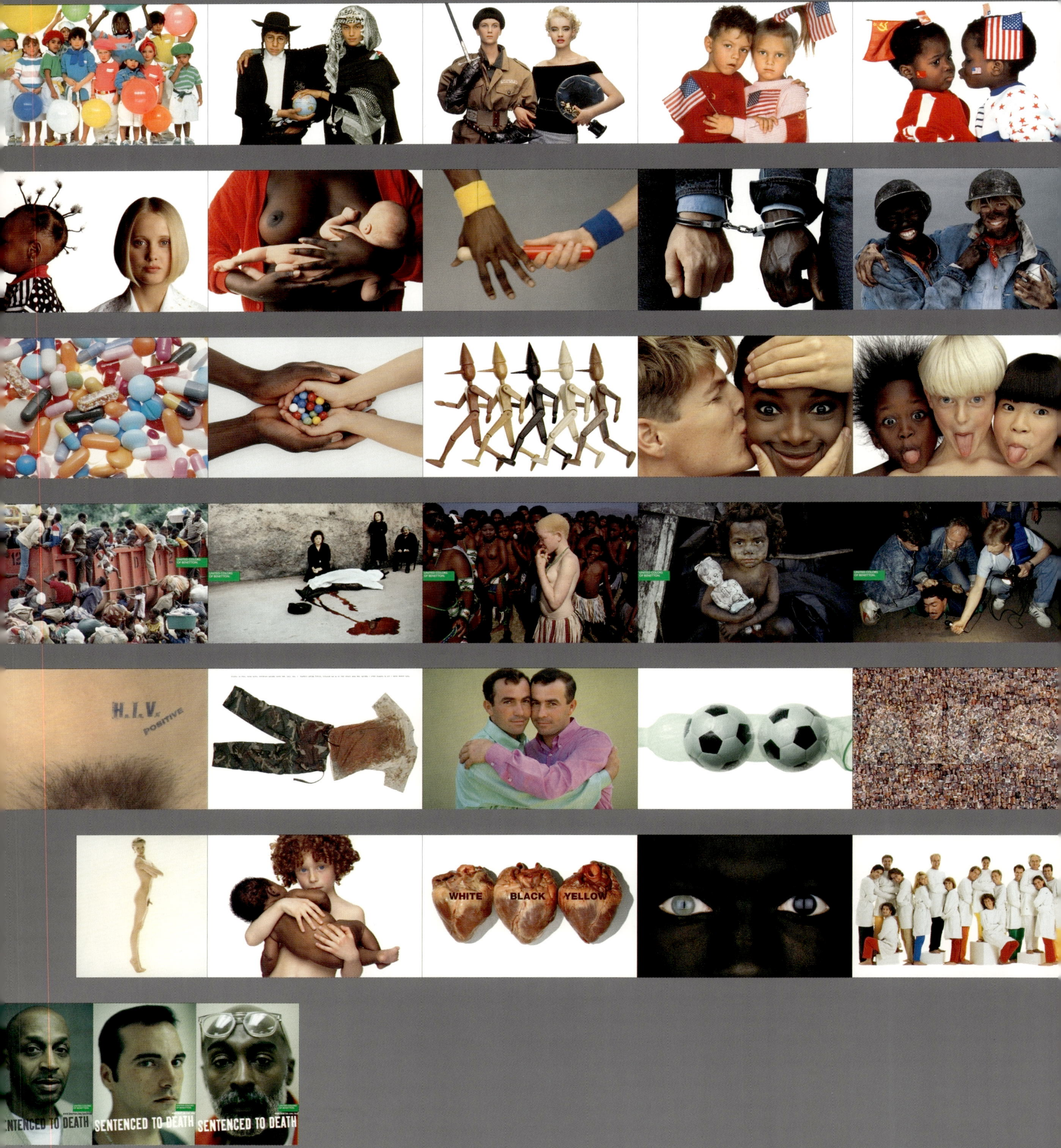
H.I.V.
POSITIVE
WHITE
BLACK
YELLOW
NTENCED TO DEATH
SENTENCED TO DEATH
SENTENCED TO DEATH

TOSCANIS WERBE-KAMPAGNEN FÜR BENETTON

13. Oliviero Toscani,
Benetton, 012,
Frühjahr/Sommer 1984

DIE ANFÄNGE

Der Modeschöpfer Elio Fiorucci hat Oliviero Toscani mit Luciano Benetton bekannt gemacht, doch die eigentliche Zusammenarbeit der beiden begann »in einer Winternacht des Jahres 1983 in einem Stall«[1]. Der Unternehmer rief den Fotografen eines Abends an, als dieser »bei der Geburt des Fohlens einer seiner Stuten namens Appaloosa assistierte«[2]. Das Fohlen kam kurz darauf zur Welt, und »diese Nacht, die unter einem guten Stern stand, war auch der Beginn einer wunderbaren Zusammenarbeit«[3].

Zum damaligen Zeitpunkt war das Unternehmen in Italien bereits etabliert und setzte zu einer umfangreichen Expansion an. Ein neuer »Look« für Werbung und Image war nötig. Es ging darum, die Marke aus dem engen Rahmen Italiens, der nun als provinziell empfunden wurde, zu befreien und ihr eine internationale Dimension zu eröffnen. Diese Entwicklung sollte mit einer entsprechenden Werbekampagne begleitet werden, die den neuen Status des Unternehmens hervorheben sollte.

Der erste Zyklus der von Oliviero Toscani für Benetton entworfenen Kampagne kam im Frühjahr/Sommer 1984 heraus.

Die Fotografien machten die neue Unternehmenspolitik mit Hilfe einer Reihe von wichtigen Veränderungen deutlich, ohne jedoch die Grundelemente der früheren Werbestrategie bei Benetton ganz zu eliminieren.

Die Bezugnahme auf Jugend, Fröhlichkeit, die Gruppe und die Farben blieb erhalten. Wieder waren lachende, dynamische, vitale Jugendliche (und für die neue Linie »012« jetzt auch Kinder) in bunter Kleidung zu sehen (Abb. 13).

Der bisherige Kontext fiel dagegen weg. Statt der bis dahin vorherrschenden Landschaften wählte der Fotograf einen abstrakten weißen Hintergrund, statt der Wirkung einer künstlichen Szenografie bevorzugte er grafische Linearität.[4]

Die Wahl eines weißen Hintergrunds in der Werbegrafik war allerdings nicht die Erfindung Toscanis. Schon die großen Plakatkünstler der zwanziger bis dreißiger Jahre wie Dudovich, Edel, Gros, Mondani und Nizzoli hatten verschiedentlich zu diesem Mittel gegriffen. Im Jahr 1943 hatte dann Armando Testa, der Erfinder einer spezifisch italienischen Werbesprache, mit seinem Plakat für die Wochenzeitung *Il viandante* den hellen Hintergrund als Erkennungsmerkmal gewählt. Im Laufe der Zeit wurde der helle Hintergrund auch von vielen internationalen Kollegen aufgegriffen, weil dadurch das Produkt wirkungsvoller zur Geltung gebracht wird und sich besser einprägt, da es allein im Vordergrund steht und der Konsument von nichts anderem abgelenkt oder verwirrt wird.

Testa, der die Einbeziehung der Psychoanalyse in die Werbung ironisch distanziert betrachtete, traf seine Wahl instinktiv und aus ästhetischen Gründen, ohne jede Rücksicht auf theoretische Begründungen. Im Wesentlichen scheint ihn in dieser Hinsicht vor allem seine Lehrzeit als Drucker beeinflusst zu haben, die ihn das klare Layout, die Primärfarben und die zentrale Rolle des Bildes bevorzugen ließ.

Eine ganz andere Rolle spielte der weiße Hintergrund bei Toscani. Zunächst erwies er sich als funktional für die Ökonomie der Abbildung, denn die Farben der Benetton-Kleidung traten auf diese Weise besonders in den Vordergrund. Als Fotograf zeigte Toscani damit zugleich, dass er den Pseudorealismus der gängigen Werbung ablehnte. Seine Bilder wandten sich dem Fantastischen und Surrealen zu, und er ging damit einen ähnlichen Weg wie sein Freund Fellini, dessen erste Filme bezeichnenderweise ebenfalls einem bereits ermatteten Neorealismus angehört hatten.

Beide Künstler wollten sich nicht mit der Unklarheit des objektiv Gegebenen zufriedengeben, suchten nach intellektueller Konkretheit und der Freisetzung von visionären Bildern als extremster Form der Freiheit. Deshalb arbeiteten beide mit der Dekontextualisierung der Bilder: Der Entfremdungseffekt vieler Szenen des Regisseurs entsprach dem abstrakten Hintergrund der realistischen Szenen auf den Bildern des Fotografen.

Ohne Perspektive und Tiefe, ohne jeden Ortsbezug, der die Bilder einordnet und qualifiziert, gewannen die von Toscani gezeigten Ereignisse in einem philologischen Sinn etwas Utopisches, Irreales und Metahistorisches.

Der Verzicht auf geographische und zeitbezogene Koordinaten enthielt darüber hinaus die Botschaft, dass die Kleidungsstücke, die ausschließlich und auffällig das Bild beherrschten, jederzeit und überall zu tragen waren. Damit war ein erster kleiner Hinweis auf die von Benetton angestrebte Internationalität gegeben, die dann explizit wurde durch die abgebildeten Jugendlichen aller Rassen und die – bezeichnenderweise englische – Unterschrift »All the colours of the world«.

Alles fügte sich zusammen. Die Farbe, auf deren innovativem Einsatz der anfängliche Erfolg des Unternehmens basierte, kennzeichnete die Kleidung ebenso wie den Slogan; die Expansion des Unternehmens war in dem Begriffspaar *colours* und *world* assoziiert.

Farbig waren die Kleidungsstücke, aber auch die Haut ihrer Träger und Trägerinnen – alle Nationalitäten waren vertreten, in aller Welt sollte die Marke gekauft werden.

DER WERBEFOTOGRAF ALS ANTHROPOLOGE

In den Jahren 1985 bis 1987 wurde die durch das völlige Weglassen zeitlicher oder örtlicher Bezüge erreichte Dekontextualisierung der Darstellung abgelöst von einer deutlich erkennbaren Charakterisierung nationaler Typologien. Flaggen, charakteristische Gesichtszüge und der Kleidung beigefügte folkloristische Accessoires (Abb. 14, 17, 18) hatten die Aufgabe, die jeweilige Herkunft der abgebildeten Personen zu verdeutlichen. Der Blick des Fotografen überschritt die geographischen Bezüge und setzte sie in anthropologische Charakteristika um.

Die Vielgestaltigkeit der Menschheit wurde zum zentralen Thema der Bilder und trat an die Stelle der vereinheitlichenden Anonymität der Gruppe; Allgemeingültigkeit wurde ihr dadurch verliehen, dass immer ein Paar gezeigt wurde, das als Polarität wirkte.

Die Darstellungen von je zwei, höchstens drei und nur in wenigen Fällen einer einzigen Person (Abb. 22, 23) stellten in einem Zyklus von Bildern durch die Begegnung und Gegenüberstellung von Gegensätzen wirkungsvoll Unterschiede heraus.[5]

Innovativ war auch die Zweideutigkeit der Botschaft, deren Entschlüsselung dem Käufer-Betrachter überlassen blieb, da der traditionelle Slogan fehlte, der die Stellungnahme des Unternehmens hätte definieren können.

Das Nebeneinander kann jedoch leicht in ein Gegeneinander, Anziehung in Ablehnung und Dialog in Schweigen umschlagen. Bis zum damaligen Zeitpunkt gab es zwar noch keine heftigen Polemiken, doch die Grundlagen dafür waren bereits vorhanden.

Maßgebend im Hinblick darauf war vor allem die beabsichtigt verwirrende Wirkung der Kampagne, die alle Interpretationen offen ließ, durch die Betonung der Gegensätze aber auch bewusst Zweifel wachrief. Zwei Geisteshaltungen konnten dahinter stecken: entweder die vollkommene Respektierung der Freiheit des anderen oder aber nur die schlaue Strategie eines Herstellers, der sich, weil er an alle verkaufen will, auf niemandes Seite schlagen kann.

Das universalistische Engagement für Brüderlichkeit, für das Recht auf Gleichheit und Akzeptanz des anderen, das in der damaligen Zeit ständig und euphorisch gepriesen wurde, erschien jedoch gleichzeitig durch einige kaum auffällige Details gemindert oder gar negiert. Ein solches Detail ist beispielsweise der zweifelnde Gesichtsausdruck des schwarzen Jungen – den ein Fähnchen mit Hammer und Sichel als Sowjetbürger ausweist – angesichts des Kusses, den ihm sein ebenfalls schwarzes, mit einer amerikanischen Fahne geschmücktes Gegenüber geben will (Abb. 18). Deshalb fragte Präsident Gorbatschow angesichts einer Gigantographie dieses Fotos auf den Champs- Élysées: »Wer ist denn dieser Benetton?«[6]

Der Überraschungseffekt liegt in der Mimik des Kindes: Der mürrische Gesichtsausdruck des in Dreiviertelansicht festgehaltenen Jungen lässt nicht erkennen, ob es sich um eine Verweigerung oder bloß um die Ängstlichkeit bei der ersten Kontaktaufnahme handelt.

Schon an diesem Beispiel wird deutlich, dass Toscani, auch wenn er sich auf das schlüpfrige Terrain der Gegenüberstellung rassischer Stereotype begab, es nie bei der Wiederholung des Bekannten und Banalen beließ und sich nicht auf die Vordergründigkeit des Schwarzweiß-Gegensatzes beschränkte.

Die Hautfarbe eines Menschen europäischer Herkunft und die eines Afrikaners stellt zweifelsohne das augenfälligste Merkmal dar, das die Unterschiede in Kultur, Religion und Ökonomie der Kontinente zum Ausdruck zu bringen vermag. Dieses Thema lag dem Fotografen besonders am Herzen, und er sollte in den folgenden Jahren immer wieder darauf zurückkommen.

Zum damaligen Zeitpunkt war Toscanis Werbekampagne vor allem insofern ungewohnt, als sie eine weltweite Kampagne gegen den Rassismus darstellte.

Die kosmopolitischen Städte der achtziger Jahre sahen sich in den kosmopolitischen Plakaten Toscanis gespiegelt, in deren Aufruf zu einem friedlichen Zusammenleben, der – gerade weil er so drängend und explizit war – auf die Gefahr der Intoleranz und der Gewalt verwies, die in ebendiesen multiethnischen Gesellschaften immer wieder auszubrechen drohte.

Auf verschiedenen Gigantographien waren beispielsweise eine Schwarze neben einer Japanerin zu sehen, ein Araber, der ein jüdisches Mädchen umarmt, oder auch das Antlitz einer geheimnisvollen Inderin neben dem sommersprossigen, halb frechen, halb amüsierten Gesicht eines Mädchens, von dem man wohl annehmen kann, es stamme aus den USA.

Durch ihre Herkunft weit voneinander entfernte Menschen scheinen sich auf den Plakaten durch Zufall, schicksalhafte Fügung oder Notwendigkeit zusammengefunden zu haben, aufeinander zuzugehen, Freundschaft zu schließen, sich zu verbrüdern und wiederzuerkennen, weil sie alle Kleidung der Marke Benetton tragen.

So nahmen die Produkte des Unternehmens aus Ponzano Veneto die Rolle von Missionaren für die Völkerverständigung an. Wie Toscani selbst erklärte, »wurde auf diese Weise der Pullover zum Bindeglied zwischen den unterschiedlichen Rassen, Sprachen und Religionen«[7].

Nie zuvor hatte es in der Welt der Werbung eine solche Übereinstimmung zwischen einer humanitären Zielsetzung (dem Kampf gegen den Rassismus) und der Unternehmensstrategie, »die ganze Welt als Markt zu besitzen«[8], gegeben.

Um die Synergien zwischen Unternehmens- und Werbestrategie noch wirksamer zu machen, waren auf den Plakaten des Jahres 1986 (Abb. 14) eine Reihe von Weltkugeln abgebildet. Diese Darstellungen erfüllten eine doppelte Funktion: Zum einen verwies der egalitäre Geist der Feststellung, dass wir alle denselben Planeten bewohnen, auf eine

14. Oliviero Toscani,
Benetton,
Herbst/Winter 1986

antirassistische Haltung, zum anderen wurde durch die abgebildeten Menschen gleichzeitig die expansionistische Zielsetzung des Unternehmens, den Globus kommerziell zu erobern, nachdrücklich bekräftigt.
Im Kontext dieses moralischen Universalismus, der einherging mit einem Universalismus des Konsums, musste auch der Slogan geändert werden. Der überholte und vielleicht etwas naive Satz »All the colours of the world« wurde seit der Werbekampagne 1985 durch das überzeugendere »United Colors of Benetton« ersetzt. Die Entscheidung für die amerikanische Schreibweise von *color* ohne »u« machte die Blickrichtung des Unternehmens deutlich, die auch durch den Gleichklang von *United Colors* mit *United States*, aber auch mit *United Nations* bekräftigt wurde. Diese Änderung war nichts anderes als die Rationalisierung und Verstärkung »eines Diskurses, der ansonsten bloß visuell und symbolisch geblieben wäre«[9].
So erklärte Toscani nachdrücklich, dass »der von der Marke eingeschlagene Weg und die Werte, auf die sie ihre neue Identität gründen will, zugleich politisch und universalistisch«[10] seien.

DER MYTHOS IN NEUEM LICHT

Nachdem Toscani vier Jahre lang mit Benetton zusammengearbeitet und das Unternehmen auf dem Weltmarkt immer mehr Fuß gefasst hatte, schien die Notwendigkeit gegeben, etwas Neues zu erfinden. Die strengen Gesetze des Marketing und des Advertising sind unerbittlich. Um nicht visuelle Gewöhnung, Überdruss oder Ununterscheidbarkeit der Bilder aufkommen zu lassen, war eine Erneuerung der gesamten Werbung des Unternehmens notwendig.
Im Rahmen einer umfassenderen Untersuchung hat Jean Baudrillard festgestellt, dass »die Überzeugungskraft der Werbung keineswegs so weit reicht, wie man denkt«[11]. Sehr bald stelle sich eine Sättigung ein[12], die vor allem auf zwei Faktoren beruhe: »Entweder neutralisieren sich die Werbungen für verschiedene Produkte gegenseitig oder jede einzelne neutralisiert sich selbst durch Übertreibung.«[13]
Ein schwieriger Augenblick war also gekommen, der Toscani vor das Problem stellte, etwas Neues zu kreieren, ohne das bis dahin Erreichte aufs Spiel zu setzen und die Internationalität als Kern der bisherigen Kampagnen aufzugeben.
Die im Jahr 1988 geschaffenen Plakate scheinen in dieser Hinsicht zu experimentieren, um den Inhalt der Darstellungen und die Unternehmensphilosophie auf einen neuen Nenner zu bringen. Die Plakatwände zeigen schöne, technisch perfekte, einfallsreiche Bilder, deren Gegenstand und Botschaft neu sind, ohne dass eine Kontinuität mit den bisherigen Schöpfungen oder ein Vorgriff auf künftige sichtbar wird. So entstehen zunächst isolierte Bilder, die weder auf die Zukunft noch auf die Vergangenheit der Zusammenarbeit Toscani-Benetton verweisen. Innerhalb dieser Darstellungen von Adam und Eva (Abb. 20), Jeanne d'Arc und Marilyn Monroe (Abb. 15) oder von Kindern mit Tiermasken (Abb. 24) lässt sich jedoch eine Entwicklung ablesen, die von der Anthropologie zur Mythologie beziehungsweise deren Ausgestaltung in der Märchen- und Fabelwelt führt, wie sie der sowjetische Formalist Vladimir Propp in seiner Beschäftigung mit der Folklore vorgemacht hatte.[14]
Eine Auseinandersetzung mit dem Mythos in Form der Inszenierung oder Aktualisierung der großen Menschheitsmythen oder der Darstellung zeitgenössischer Archetypen war im Übrigen bereits ein in der Werbung häufig eingeschlagener Weg. Beispiele dafür sind Armando Testas Umwandlung des Raubs der Sabinerinnen in das schöne Märchen vom Raub der Carmencita in den Weiten der Pampa, oder die Rückkehr zu den Wonnen des ländlichen Lebens, wie sie Gavino Sanna für »Mulino Bianco« in Szene setzte, ebenso die verführerischen und

prachtvollen Werbeaufnahmen aus den USA von Hiro, Penn, Kane und Avedon. Alle diese Darstellungen verfolgten das Ziel, den Verbraucher durch hypnotische Regression zum Träumen zu bringen.
Diese Methode, Träume hervorzurufen, die zum Kauf anregen, hat schon immer gewirkt; sie nutzt sich nie ab und stellt eine Erfolgsgarantie dar.
Toscani war jedoch zu nonkonformistisch und eigenwillig, um eine solche Strategie strikt anzuwenden. Wenn er sich auch in der Übergangsphase des Jahres 1988 auf eine Kostprobe einließ, dann änderte er doch – um bei der Metapher zu bleiben – das Gewürz nach seinem Geschmack.
Wir haben schon bemerkt, dass dem Fotografen Gegensätze, ungewöhnliche Assoziationen und Dichotomien gefallen. Als er sich damals nicht mehr mit Ethnien, sondern mit Mythen beschäftigte, entwarf er auch in diesem Bereich bizarre, ungewöhnliche Zusammenstellungen wie in der Kampagne von Herbst/Winter 1988, wo Marilyn Monroe und Jeanne d'Arc nebeneinander gezeigt werden (Abb. 15). Dieses Foto wirkt wie eine extravagante surrealistische Fantasie im Gewand der Pop-Art. Ähnlich wie für Warhol bedeutete die Beschäftigung mit Marilyn Monroe auch für Toscani, ein Heiligenbild der letzten von den Massen wie eine Madonna verehrten Frau zu schaffen. Weil er aber zu kritisch und unkonventionell war, um nur die Verehrung zum Ausdruck zu bringen, konfrontierte er die Ikone von heute auf absurde Weise mit der Ikone der Vergangenheit.
Die Schauspielerin und die Heilige, wie sie hier Arm in Arm gezeigt sind, strafen scheinbar den ansonsten nur schwer zu widerlegenden Gemeinplatz der Unmöglichkeit einer solchen Freundschaft Lügen. Was könnte die rigide kriegerische Jungfrau, die auf dem Foto mit Schwert, Panzer und Rüstung gezeigt wird, mit der zarten, sinnlichen platinblonden Hollywood-Diva gemeinsam haben, die ein schwarzes figurbetontes Kleid trägt und statt der Waffe einen Oskar in der Hand hält? Ein unerhörter Vorgang: Der Werbefotograf, der im Auftrag seines Unternehmens Kleider an den Mann und die Frau bringen soll, regt dazu an, den schönen Schein zu hinterfragen – ein Vorgehen, das seinen Kollegen noch nie in den Sinn gekommen war.
Man braucht nur an die Biografien der zwei Frauen zu denken, die beide ein tragisches Ende fanden – die eine durch den Scheiterhaufen, die andere offiziell durch Selbstmord –, um innere Verwandtschaften zu entdecken. Beide Frauen lebten in Gesellschaften, die zwar zeitlich weit auseinander lagen, einander aber ähnlich sind in der Strenge, mit der sie Abweichler oder schwache Menschen zum Tode verurteilten.
Mit der Neuinterpretation des Mythos von Adam und Eva für die Werbekampagne des Frühjahrs 1988 (Abb. 20) schien Toscani seine 13 Jahre zurückliegenden Anfänge wieder aufzugreifen. Wie er es schon bei seiner Kampagne für die Jesus-Jeans im Jahre 1975 getan hatte, zelebrierte er auch hier wieder unbefangen die Einheit von Religion und Jeans. Diesmal stellte er eine Beziehung her zwischen der Unbeugsamkeit der dogmatischen Glaubensprinzipien, auf die die biblische Reminiszenz verweist, und Werten wie Unkonventionalität, Freiheit und Nichtbeachtung von Regeln, mit denen das Kleidungsstück im Übermaß assoziiert wird.
Wenn es zu den von Roland Barthes aufgedeckten Rätseln der Mode gehört, dass »der Blaumann (*Blue Jeans*) […] zum Zeichen der Freizeit geworden«[15] ist, zum Zeichen des Müßiggangs, des Vaters aller Laster, dann lässt sich die dem Kleidungsstück implizite Aufforderung zur Regelverletzung leicht entschlüsseln.
Die Normen traditioneller Eleganz werden hier durchbrochen, und zugleich werden durch eine unbewusste symbolische Übertragung

15. Oliviero Toscani, *Benetton*, Herbst/Winter 1988

16. Andy Warhol, *Schillernd orangefarbene Marilyn*, 1964, Andy Warhol Foundation for the Visual Arts, New York

Zeichen für ein generelles Unbehagen an allem Normativen gesetzt. Wenn es um die Erbsünde geht, so ist die Jeans offensichtlich das passende Kleidungsstück.

Und wie werden die archetypischen Sünder vom Fotografen gesehen? Toscani stellt sie als zwei außerordentlich schöne und reine Heranwachsende dar, die ihre ersten Erfahrungen mit der Sexualität machen, aber noch nicht von Schuldgefühlen und Strafandrohungen belastet sind. Adam mit seinen dichten, bis auf die Schulter fallenden Haaren ist eine Mischung aus Sandokan und einem Hippy der siebziger Jahre. Mit der einen Hand umarmt er zärtlich seine Begleiterin, mit der anderen führt er die ihre in einer romantischen Geste zur verbotenen Frucht an seinem Herzen, ein Hinweis auf die Harmonie von Gefühl und Instinkt.

Eva, die Verführerin, lässt es mit sich geschehen. Ihr reines Gesicht, das noch nicht der Schminkkünste bedarf, um verführerisch zu wirken, ist von einem Schwall roter Locken – der Farbe der Leidenschaft – umgeben.

Die Schlange ringelt sich um ihren Hals, als sei sie eine Kette, wie sie zu jener Zeit als Modeschmuck getragen wurde. Der Dämon, der sich kühn über die frische rosa Haut schlängelt und sich zwischen die andeutungsweise sichtbaren Brüste schmiegt, spiegelt den Sinn des vor die Herzgegend gehaltenen Apfels bei Adam wider und stellt damit eine perfekte Symmetrie zwischen dem Bildaufbau und der inhaltlichen Botschaft her.

Trotz alledem wurde die Aura der Unschuld des irdischen Paradieses, die dem Foto innewohnt, im puritanischen Amerika überhaupt nicht wahrgenommen, denn dort genügte »Evas nackter Busen, der aus der Jeansjacke spitzt, um einen Sturm der Kritik auszulösen«[16].

ANMERKUNGEN

1. L. Benetton, *Io e i miei fratelli*, Mailand 1990, S. 183
2. Ebenda, S. 185
3. Ebenda
4. A. Semprini, a. a. O., S. 36
5. Ebenda
6. *La pubblicità Benetton: storia, premi, censure*, Ponzano Veneto 1997 (Manuskript, mit freundlicher Genehmigung des Ufficio pubblicità der Firma Benetton
7. O. Toscani, »Business e causa sociale: è una bestemmia?«, in: *Sos razzismo*, Mailand, S. 69
8. Ebenda
9. A. Semprini, a. a. O., S. 39
10. Ebenda
11. J. Baudrillard, a. a. O., S. 90
12. Ebenda
13. Ebenda
14. V. Propp, *Die historischen Wurzeln des Zaubermärchens* (1942), München 1987, S. 454 ff.
15. R. Barthes, a. a. O., S. 271
16. *La pubblicità Benetton*, a. a. O.

17. Oliviero Toscani,
Benetton, 012,
Frühjahr/Herbst 1985

18. Oliviero Toscani,
Benetton, 012,
Frühjahr/Sommer 1985

19. Oliviero Toscani,
Benetton, 012,
Frühjahr/Sommer 1986

20. Oliviero Toscani,
Benetton,
Frühjahr/Sommer 1988

21. Masolino,
Die Versuchung Adams durch Eva. Florenz,
um 1425,
Santa Maria del Carmine

24. Oliviero Toscani,
Benetton, O12,
Frühjahr/Sommer 1988

25. Piero della Francesca, *Bildnis des Federico da Montefeltro*, 1465 Florenz, Uffizien

26. Oliviero Toscani, *Benetton*, Frühjahr/Sommer 1989

27. Piero della Francesca, *Bildnis der Battista Sforza*, 1465 Florenz, Uffizien

DIE WELT IN SCHWARZWEISS

Nachdem Toscani die Möglichkeiten einer Werbekampagne ausgelotet hatte, die in das Reich der Mythologie eindringt, wechselte er den Kurs und befasste sich mit der Problematik des Rassismus.

Das war keine Notlösung, sondern eine Vertiefung des Themas, das ihn ohnehin beschäftigte und zunehmend fesselte. In doppelter Hinsicht konnte er daraus Befriedigung ziehen: Zum einen konnte er seiner Pflicht nachkommen, indem er die Aussage der Werbung in den Vordergrund stellte, zum anderen hatte er als Künstler die Möglichkeit, die qualitative, technische und gestalterische Darstellung zu erkunden, die er jetzt geradezu manisch auf den Kontrast von Schwarz und Weiß konzentrierte.

Innerhalb des strengen Rahmens eines einzigen – formalen wie inhaltlichen – Themas die Fantasie spielen zu lassen, bedeutet, das Risiko der Wiederholung einzugehen. Dies führt auch dazu, dass der Stil des Urhebers erkennbar wird – was beim Publikum und bei der Kritik im Allgemeinen positive Reaktionen auslöst, aber in Bezug auf die Werbung eher kontraproduktiv ist. In diesem Fall muss der künstlerische Aspekt des Bildes dem funktionalen untergeordnet sein, denn der Zweck des Bildes besteht in erster Linie darin, zum Kauf zu bewegen. Und dazu genügt es, die Aufmerksamkeit des Konsumenten zu erregen, was am besten durch den unwiderstehlichen und blendenden Reiz der Neuheit gelingt.

Für Toscani war das eine Herausforderung. Wie kann man durch Fotografien treffen, anziehen, verführen, die – trotz aller Varianten – im Grunde alle das Gleiche zeigen: einen Schwarzweiß-Kontrast? Vielleicht durch eine krasse Gegenüberstellung, die, ohne Weichzeichner, die Aussage prägnant zusammenfasst und mit dramatischer Intensität eine diffuse gesellschaftliche Wunde offenlegt?

Der Erfolg – einschließlich der Zensur und Kritik, die in einem solchen Fall unvermeidlich sind – der 1989 und 1990 geführten Werbekampagne war der innovativen Verwendung von Themen zu verdanken, die das zeitgenössische Leben unterschwellig belasteten.

Bis dahin war, wie oben bereits erwähnt, eine Werbung umso wirksamer, je mehr es ihr gelang, einen Identifizierungsprozess zwischen Konsument und Ware herbeizuführen. Heute hat der Werbefotograf in seinem *modus operandi* einen gewagten Sprung nach vorn getan: Er vermarktet nicht mehr Produkte, sondern schlägt Werte vor.

Der Kunde ist nicht mehr gehalten, sich mit dem konkreten Objekt zu identifizieren, sondern mit der abstrakten Idee. Toscani erfand sozusagen den platonischen Verkauf.

Von da an sehen alle Werbekampagnen Benettons von der Sichtbarmachung des Produktes ab – im Grunde ein überraschender Nonsense im System der Werbung, vor allem wenn man bedenkt, dass der Auftraggeber Kleidungsstücke produziert. Seine Ware repräsentiert die Eigenschaften von temporärem Genuss. Vor dem Kauf sind zahlreiche Vorarbeiten notwendig, deren andere Warenkategorien nicht bedürfen. Es müssen verschiedene, zum Schutz des Unbewussten errichtete Hindernisse beseitigt werden: Die narzisstische Fantasie des Käufers muss stimuliert werden; mit dem Kleidungsstück muss der Unterschied zwischen Vorstellung und Wirklichkeit überdeckt werden; und das Schuldgefühl ist zu besiegen, damit einer frivolen Versuchung nachgegeben oder zur Befriedigung der Eitelkeit ein Preis bezahlt wird.

Wir wissen von Vance Packard, dem großen Enthüller des Werbeschwindels: »Die funktionale Notwendigkeit eines Kleides zählt in solchen Situationen überhaupt nicht.«[17]

Man betrete nur irgendein Bekleidungsgeschäft und beobachte das Verhalten der Kunden – und man wird ihm Recht geben und erkennen,

dass sie, ebenso wie sie nicht Kosmetika kaufen, sondern das Versprechen der Schönheit[18], auch keine Kleider kaufen, sondern Versprechen schöner Körper.

Von einem Modestylisten erwartet man die gleichen Leistungen wie von einem Schönheitschirurgen – nur zu einem geringeren Preis. Seine Schöpfungen müssen gelingen; sie müssen den jeweiligen Ansprüchen gemäß die Figur schlanker erscheinen lassen, die Brüste oder die Hüften hervorheben, die Taille schlanker oder die Beine länger machen.

Früher hatte die Modefotografie – beispielsweise im Werk eines Richard Avedon oder eines Helmut Newton – ihre Triumphe auf diesem Markt der Illusionen gefeiert. Sie wurden noch gesteigert durch die Anziehungskraft berühmter Topmodels wie Cindy Crawford oder Naomi Campbell.

Toscani – der, wie wir gesehen haben, ähnliche Experimente in Erwägung gezogen hatte – ließ sich nicht von der glitzernden Welt des Laufstegs irritieren. Es ist unklar, ob dies eher auf seine persönliche ablehnende Haltung oder auf seine Treue zum Musterkatalog Benettons zurückzuführen ist, der Prêt-à-Porter zu kleinen Preisen anbietet und daher von vornherein das Interesse ausschließt, an den Modeschauen der Haute Couture teilzunehmen.

Sicher ist, dass sein Urteil über den Starkult der Mannequins unbarmherzig ausfiel. Er bezeichnete Claudia Schiffer als »geklonte Schönheit«[19]. Faszination gestand er ihr zu, doch beschränkt auf ihr Aussehen: »weiß, blond und rein«[20] – alles andere als seltene Qualitäten. Im Grunde sei ihre Schönheit begrenzt auf die Tatsache, dass sie »jung und gesund, ohne Karies, frisch wie Shampoo«[21] sei, wie jedes beliebige Mädchen von nebenan. Fast hätte er sie als eine Inkarnation von »Hitlers Traum von der Perfektion der arischen Rasse«[22] bezeichnet – ein Vergleich, der aus dem Mund eines Antirassisten besonders abwertend klingt. Doch damit nicht genug. In seinen Augen war sie wie »verpacktes Fleisch, gewöhnt daran, ihr Gesicht zu verkaufen, ohne dass einer jemals von ihr einen Intelligenzbeweis verlangt«[23].

Vielleicht bestand sein Ziel genau darin, seinen Modellen diese Demütigung, »ihr Gesicht zu verkaufen«, zu ersparen. So zeigten nur vier von den in den Jahren 1989/90 erschienenen 19 Werbefotografien weibliche Gesichter (Abb. 26) Überdies fiel Toscanis Wahl nicht auf Mädchen, die an das System der Mode gewöhnt waren.

Toscani bevorzugte die blasse Typologie der weder besonders Schönen noch besonders Hässlichen – wie im Fall der weißen Schwester, die des Kontrastes wegen schwarze Mädchen unterrichtet (Abb. 42) – oder das Stereotyp der Schlichtheit wie bei dem Foto, auf dem zwei junge Frauen, eine weiße und eine schwarze, die in eine Decke gewickelt sind, welche das Grün des Benetton-Logos aufgreift, ein asiatisches Baby halten (Abb. 48).

In anderen Werbekampagnen jener Zeit verzichtete Toscani völlig auf die Darstellung von Menschen und setzte Tiere an ihre Stelle – so etwa eine Katze und einen Hund (Abb. 43) oder ein schwarzes Lamm und einen weißen Wolf (Abb. 47). Oder er entschied sich für Darstellungen, die nur Männer zeigten: Ruderer (Abb. 39), einen schwarzen Bergarbeiter mit seinem weißen Kumpel, dessen Haut von der Kohle schwarz gefärbt ist (Abb. 37) oder einen weißen und einen schwarzen Bäcker, die beide vom Mehl weiß bestäubt sind (Abb. 38).

Andere Plakate zeigten nur Kinder (Abb. 28), und in einer weiteren Serie reduzierte Toscani die Darstellungen gar auf Ausschnitte einzelner Körperteile – zu jener Zeit insbesondere Hände –, die als riesenhafte Protagonisten auf den Plakatwänden prangten (Abb. 35, 36, 45, 50).

Eine Frau war innerhalb der Kampagne von Herbst/Winter 1989 nur bei einer Gelegenheit zu sehen, aber der Bildausschnitt zeigte sie überraschenderweise ohne Kopf (Abb. 33). Das Foto ist eindrucksvoll, geschickt ausgerichtet auf den Kontrast zwischen der prallen Brust der Schwarzen und dem weichen, hellen Fleisch des Neugeborenen, das gestillt wird. Der Kontrast wird farblich ergänzt durch die Komplementarität des leuchtenden Grüns im Rechteck des Markenzeichens mit dem Feuerrot der weit aufgeknöpften Wolljacke. Ein geschickter Wechsel von Licht und Schatten lenkt den Blick über den kleinen, weißen Körper des Kindes zu der zarten Rundung des Köpfchens, die einen Gegensatz zu der dunklen Brust bildet, auf der schließlich das Auge innehält. Die Brust aber erscheint eher als erotisch denn als mütterlich. Man denkt bei ihrem Anblick weniger an die Milch der Amme, sondern vielmehr an die harmonischen und nur angedeuteten Proportionen der Frau.

Es ist erstaunlich, dass die Kampagne in den Vereinigten Staaten einen heftigen Streit auslöste. Besonders innerhalb der schwarzen Gemeinde erfuhr sie Ablehnung. Anstatt die antirassistischen Intentionen Toscanis zu vermitteln, erinnerte sie an die Marginalisierung und Unterdrückung der farbigen *nurse*.[24]

Zum Ausgleich wurde das Foto dennoch »das am meisten prämierte Bild in der Geschichte der Benetton-Werbung«[25]. In Österreich, Frankreich und Holland gewann es zahlreiche Preise. In Italien erhielt es den »Print Italia« für den Bereich Textil-Kleidung und den »Grand Prix«, der für die beste in der Presse veröffentlichte Fotografie vergeben wird.

Ähnliche Kritik – die ebenfalls die antirassistische Stoßrichtung verkannte – zog auch ein anderes Bild auf sich, das im Herbst/Winter 1989 veröffentlicht wurde. Das Thema war zu schematisch: Zu dem von Toscani bevorzugten weißen Hintergrund, der eine irreale Atmosphäre schuf, bildete der Vordergrund – ein Paar Handschellen an den Gelenken einer weißen und einer schwarzen Hand – einen scharfen Kontrast. (Abb. 36)

Das Bild warf eine Reihe von Fragen auf, darunter insbesondere die Frage: »Wer ist wer?«

Diese bleibt jedoch ohne Antwort. Es gibt keinerlei Hinweise – etwa Ansätze einer Uniform oder abgetragener Kleidung – darauf, wer der Gute und wer der Böse ist, wer der Verbrecher und wer der Polizist, auf welcher Seite das Gute zu suchen ist.

Der Betrachter wird diese Fragen je nach Gewissen, Erfahrung und vor allem persönlichen Vorurteilen beantworten – denn ohne Zweifel hat in dieser Hinsicht, so Toscani, »der Rassismus ausgesprochen starke Wurzeln, die schwer auszumerzen sind«[26].

Negativ wurde auch die Werbekampagne vom Frühjahr/Sommer 1990 aufgenommen (Abb. 28) – wenn auch diesmal aus ganz anderen Gründen. Um den Grundsatz der Gleichheit hervorzuheben, wurden zwei Kinder gezeigt, von denen wiederum eines nordeuropäische, das andere afrikanische Züge trägt. Die beiden Kinder sitzen einander auf Nachttöpfen gegenüber. Dadurch, dass nichts auf dem Foto von ihnen ablenkt, fällt die Überlegung, die hinter der Wahl der Modelle stand, sogleich ins Auge: Es handelt sich um Kinder, die einander in allem gleichen – vom Babyspeck bis zur Kopfform, vom Profil über die Stupsnase bis hin zur gleich ausgeprägten Stirn. Wenn nicht die unterschiedliche Farbe der Haut und der Haare wäre, könnte man beinahe meinen, bei den Antipoden handele es sich um Zwillinge.

Was also war an dem Plakat so skandalös, dass sich, als es auf der Piazza del Duomo in Mailand angebracht werden sollte, von der Linken bis zum Kardinal alle einig waren, für ein Verbot der Anbringung zu plädieren?

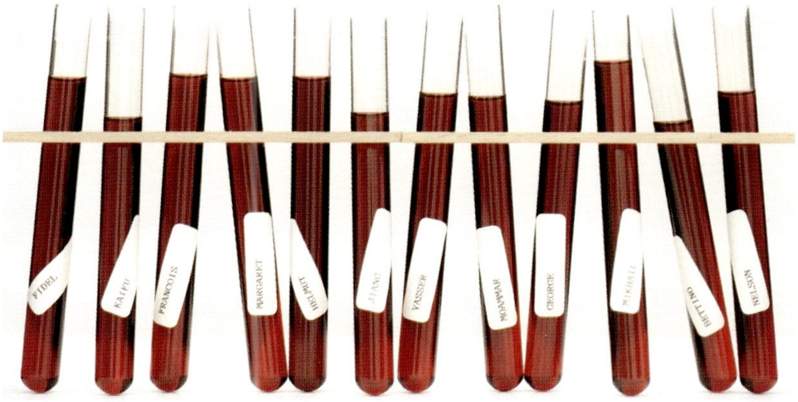

28. Oliviero Toscani,
Benetton,
Frühjahr/Sommer 1990

29. Oliviero Toscani,
Benetton,
Herbst/Winter 1990

In einem Klima, das an die grotesken Romane Guareschis erinnert, oder, wenn man so will, auch als eine Art verspäteter historischer Kompromiss begründete man dieses Verbot der Zurschaustellung des Plakats auf dem größten Werberaum der Welt (770 Quadratmeter) mit der »Empfindlichkeit der Gläubigen, die von der Messe kommen«[27]. Es ist eigenartig, dass Oliviero Toscani das kirchliche Empfinden verletzen sollte, obwohl die Inhalte seiner Schöpfungen nichts mit Religion zu tun haben.

Ausschlaggebend für das Verbot war nicht so sehr die Zulässigkeit der Darstellung an sich, sondern vielmehr ihr Anbringungsort. Man kann nicht das Provokante der Botschaft ignorieren, die ungeachtet der von den Kindern ausgehenden Atmosphäre der Reinheit und Zärtlichkeit auf die Gleichheit der Individuen beim Stuhlgang anspielt. Dieses in unserer Gesellschaft ganz allgemein tabuisierte Thema sollte gerade dort nicht berührt werden, wo der Gläubige ein und ausgeht, um seine Seele Gott zuzuwenden.

Die Zensur entmutigte Toscani keineswegs. Vielmehr spornte sie ihn an, diese Inspirationsrichtung weiterzuverfolgen – und so überschritt er schließlich die Grenzen der Körperoberfläche und entnahm die Symbole der Gleichheit direkt dem Innern des Körpers und seinen Funktionen. Vom Kot der Kinder ging er zum Blut im Reagenzglas über, das den Staatsoberhäuptern zugeordnet wurde (Abb. 29). Diese nannte er, gleichsam in einem Übermaß an demokratischem Vertrauen, bei ihren Vornamen – Fidel, Bettino, Helmut, Margaret usw. Der Werbefotograf ließ sich nicht einmal von den Mächtigen einschüchtern bei seinem Projekt, das sich die Prinzipien der Aufklärung – *liberté, égalité, fraternité* – wieder auf die Fahnen schrieb, welche zwar schon einen historischen Sieg errungen hatten, in Wirklichkeit aber zu wenig beachtet wurden.

LIEBE UND TOD

Die von Toscani in den zurückliegenden Jahren aktivierten Mechanismen der Grenzüberschreitung mussten sich ihrem Charakter nach zwangsläufig fortsetzen. Toscani sah sich schließlich gezwungen, nach immer schockierenderen Effekten zu suchen.

Das Vergnügen des schelmischen und respektlosen Lausbuben, die öffentliche Meinung wachzurütteln, wich der Arbeit an einer sozial engagierten Werbung, die den bereits in Gang gebrachten Diskurs weiterführte. Von 1991 an lösten einander in schneller Folge Kampagnen ab, die ein Tabu nach dem anderen brachen und beunruhigende Thesen in den Raum stellten. Die Gesellschaft sollte genötigt werden, über Fragen nachzudenken, die sie sonst beiseitezuschieben geneigt war, Fragen, die die Bereiche von Geburt, Tod und Sexualität betrafen. Das Thema der Gleichheit – ständig begleitet von der Inschrift *United Colors*, die am Rand der Plakate angebracht war, als sei sie die Unterschrift des Künstlers und kein Firmenlogo – berührte jetzt alle wesentlichen Aspekte der Existenz. Denn im Grunde teilen alle Menschen das gleiche Schicksal, das der Geburt, des Todes und – vermutlich – der Liebe.

Der Blick des Werbefotografen vereinte in sich den Zynismus des Wissenschaftlers, der die Realität akzeptiert, und die Utopie des Humanisten, der sie zu verbessern sucht. Aber Toscani machte sich keine Illusionen. Er war bereit, mit Zensur und Kritik für die Überzeugung zu bezahlen, dass die Evolution des Menschen sich über Freiheit, Unvoreingenommenheit und Erkenntnis verwirklicht. Aufgrund dieses selbst gewählten Paradoxons geriet er in die Rolle des öffentlichen Sittenapostels.

Diese Rolle zeigte sich darin, dass er vehement gegen die bestehende Moral verstieß. Es ist schwer, diese Rolle einem Werbefotografen

30. Oliviero Toscani,
Benetton,
Frühjahr/Sommer 1991

zuzuerkennen, der als solcher nicht unbedingt der Wahrheit verpflichtet erscheint. Da heute so viel davon die Rede ist, wie sehr die Werbung zu Lügen greift, ist nur ein von Haus aus unbedarfter Mensch nicht felsenfest davon überzeugt, dass derjenige, der auf diesem Gebiet arbeitet, von Berufs wegen ein Lügner sei.
Schon Gillo Dorfles sprach von der großartigen »ethisch-ästhetischen ›Verantwortung‹, die auf dem heutigen Werbefachmann lastet [...], weil sich in seinen Händen, auf beinahe exklusive Weise, die wahre Waffe befindet: den Geschmack des Menschen auf der Straße lenken und leiten zu können«[28].
Toscani scheint – als erster und einziger unter seinen Kollegen – die Ermahnung des Wissenschaftlers wörtlich genommen zu haben. Er spricht den Passanten nicht in der Gestalt eines Verkäufers an, sondern in der des Intellektuellen, der zur Reflexion auffordert.
Wie lässt sich diese Mission rechtfertigen? Darüber entbrannten hitzige Debatten, an denen sich, insbesondere nach dem Erscheinen des Aids-Plakats, vom Gebildeten bis hin zum einfachen Bürger alle beteiligten.
Bereits die erste Werbefotografie der Kampagne vom Frühjahr/Sommer 1991 (Abb. 30) rief viele Polemiken hervor, was in der Geschichte der Werbung ohnegleichen war. Das Bild zeigt einen Kriegsfriedhof in Frankreich. Auf einer ebenen Grasfläche, die sich bis zum Horizont erstreckt, ist eine düstere Flucht von gleichartigen Kreuzen zu sehen. Nur anstelle des ersten Kreuzes in der zweiten Reihe von links ist – im Namen eines friedlichen multikulturellen Zusammenlebens, das auch über den Tod hinaus reichen soll – der Davidstern der Juden zu sehen.
Auf dem Foto wird durch das schräge Zusammentreffen zweier Blickwinkel eine doppelte Perspektive hergestellt. Damit griff Toscani zum ersten Mal zu einer konkreten Tiefensicht, die er bis dahin immer der Flächigkeit des weißen Bildhintergrunds geopfert hatte.[29]
Die gestalterische und thematische Hinwendung zum Realismus – untermauert durch die Mitteilung, dass der dargestellte Friedhof keine Fotomontage sei, sondern tatsächlich existiere – steigerte noch die vom Bild ausgestrahlte Atmosphäre von Leid und Schmerz.
Obgleich die Körper der im Kriegsgeschehen gefallenen Soldaten nicht dargestellt sind und die Komposition streng in Grün und Weiß gehalten ist, wird die Vorstellungskraft doch zu Szenen der Marter angeregt, für die der würdevolle Begräbnisort ein Sinnbild ist.
Wie konnte ein insgesamt so steril wirkendes Plakat ein derartig großes Aufsehen erregen?
Das Foto wurde sukzessive in Frankreich, Deutschland und Großbritannien abgelehnt. In Italien erklärten sich nur *Il sole 24 ore* und der *Corriere della Sera* zu einer Veröffentlichung bereit. Wenig später ordnete die »Giuri di autodisciplina pubblicitaria« den Stopp an.
Indessen fiel der Start der Werbekampagne – der 18. Januar 1991 – zeitlich mit dem Beginn des Golfkriegs zusammen[30] und ließ das Plakat als eine Prophezeiung des der Menschheit bevorstehenden Unheils erscheinen.
Dieses Zusammentreffen jedoch war eher dem Zufall zu verdanken, weniger den Spekulationen, die das Gespann Toscani-Benetton am Schreibtisch ausheckte. Vorwürfen gegenüber verwiesen die Urheber auf die lange Entwicklungs- und Vorbereitungsphase der Kampagne.
Dennoch bleibt die Tatsache bestehen, dass der heikle historische Moment – der die Menschen an die Fernsehapparate fesselte, wo sie das Schauspiel des Krieges unmittelbar miterleben konnten – die Empfindlichkeit gegenüber dieser Werbung erhöhte, die mahnte:

»Das einzige, wirkliche, konkrete Resultat aller Kriege sind die Friedhöfe«.[31]
Vermutlich lag darin jedoch nicht der einzige Grund für die Proteste. Neben der zeitweisen kollektiven Hypersensibilisierung, die sich auch auf den Zeitgeist auswirkte, war unschwer auch der unbedingte Wille zur Negierung des Todes in einer Gesellschaft spürbar, die in neurotischer Weise dem Hedonismus, dem Leistungswahn, dem Jugendkult und Ähnlichem verfallen war und gleichzeitig am Abgrund der Zerstörung und Vernichtung stand.
Die Werbeagenturen hatten in jener Periode einen rapide voranschreitenden Umsatzrückgang zu verzeichnen und waren gezwungen, auf den expliziten Wunsch ihrer Kunden hin die jeweilige Kampagne zu unterbrechen oder sich von der Kriegsberichterstattung zumindest zeitlich (bei Fernsehspots) oder räumlich (bei Anzeigen in der Presse) abzusetzen.
Sie hielten sich dabei an das für die Werbung wesentliche Prinzip, »niemals ein Produkt oder eine Marke mit einem ›negativen‹, ›schmerzlichen‹ oder ›traurigen‹ Gegenstand in Verbindung zu bringen. Gemäß dem konnotativen Übertragungsprinzip würde eine solche Vorgehensweise riskieren, auf das fragliche Produkt oder die fragliche Ware genau jene ›negativen‹ Konnotationen zu übertragen.«[32]
Die ganze Werbekultur hält sich bis heute gewissenhaft an dieses Prinzip. Die Identifikationsmodelle, die tatsächlich angewandt werden, gehen immer vom positiven Aspekt der siegreichen Persönlichkeit aus, indem sie etwa Bezug nehmen auf berühmte Testimonials oder auf Menschen, die in irgendeiner Weise die klassischen Werte des Erfolgs verkörpern wie Schönheit, Reichtum, Jugend, Fröhlichkeit usw. Drastischer als mit dem Bild des Friedhofs hätte Toscanis Bruch mit den Gepflogenheiten der Werbung nicht sein können. Welcher Konsument würde gern ein Kleidungsstück kaufen und tragen, das auf so endgültige Weise an den Tod erinnert?
Auf die Thematik des Todes folgte die der Liebe. Das Interesse des Fotografen richtete sich auf die vom Mythos überlieferte Untrennbarkeit von Eros und Thanatos. Außerdem bot sich das Thema an, weil es die Möglichkeit eröffnete, auch weiterhin durch die Verletzung von Tabus zu provozieren. Toscani schien persönlich Gefallen daran zu finden, die Geschlechtsangst der Gesellschaft zu attackieren, die trotz der Frauenbewegung von 1968 und der Revolution der öffentlichen Moral immer noch hoch war. Zudem hatten die Angriffe auf das Jesus-Jeans-Plakat und das Bild der Kinder auf den Nachttöpfen den Antiklerikalismus des Fotografen verstärkt. Er schärfte seine Waffen für eine Schlacht, in der nicht Geschosse, sondern Fotografien die katholische Heuchelei gnadenlos entlarven sollten.
Zum Ausgleich wurde die Werbung auf die jugendliche Zielgruppe abgestimmt. Bei dieser lag es nahe, dass sie sich mit den Waren und den damit verbundenen Werten, die für die Möglichkeit einer freieren Sexualität plädierten, identifizieren würde.
Vor diesem Hintergrund erscheint das zweite Bild der Werbekampagne vom Frühjahr/Sommer 1991, das eine Aneinanderreihung von Präservativen zeigt, geradezu harmlos (Abb. 31). Das Foto ist an sich amüsant; es bewegt sich zwischen surrealer Fantasie und Pop-Art-Illustration. Toscani wählte den üblichen weißen Grund und verteilte auf ihm eine Hand voll Kondome in den Farben Gelb, Blau und Rot, die einander zu haschen scheinen und die auf den ersten Blick wie Gummibälle oder bunte Sternschnuppen wirken.
Das Bild hebt den spielerischen, fröhlichen, kreativen Aspekt der Sexualität hervor; darüber hinaus beinhaltet es die symbolische Anspielung darauf, dass jede Farbe mit jeder anderen kombinierbar sei.

Seine letztlich erzieherische Rolle – der implizite Rat zum Gebrauch von Präservativen, der in unserer von Aids geplagten Epoche Pflicht ist – nimmt das Plakat wahr, ohne dabei jedoch Assoziationen an die Krankheit zu wecken.

Vom passiven Rat schritt Toscani zur Aktion. Er ließ in allen Benetton-Geschäften Präservativpackungen gratis verteilen.

Die Kampagne zog zwangsläufig die Wut der Moralisten auf sich. Sie hatte in Italien unter der üblichen harten Kritik zu leiden, in den Vereinigten Staaten bezichtigte die Zensur sie sogar der Pornografie.

Auch ein anderes Plakat der Kampagne vom Herbst/Winter 1991 nahm Bezug auf die Liebe. Wiederum handelte es sich dabei um die Kombination einer keimfreien, abstrahierenden Darstellungsweise mit einem provokanten, wenn nicht blasphemischen Thema.

Ein Priester und eine Nonne – beide außerordentlich jung und schön – finden sich zu einem romantischen Liebeskuss (Abb. 57).

Die Szene ist keusch, dennoch wurde das Plakat als öffentliches Ärgernis und als Verunglimpfung der Kirche verurteilt – schließlich stellt die Sexualität unter Geistlichen, mag sie auch in der Realität vorkommen, ein absolutes Tabu dar.

Toscani prangert öffentlich die Scheinheiligkeit der katholischen Sitten an, allerdings mit dem Wohlwollen desjenigen, der für Gefühle eintritt. Er scheint mit dem irrealen Glanz des Plakats zu fragen, ob diese so zart erblühte, zur Verborgenheit verdammte Zuneigung zwischen den beiden jungen Menschen unterdrückt werden sollte.

Was die Indiskretion dieses Schnappschusses betrifft, der die Intimität der Situation – der Priester ist schräg von hinten zu sehen, die Nonne mit geschlossenen Augen – der Öffentlichkeit preisgibt, so galt das Interesse des Fotografen vor allem der Frage, »ob die beim Betrachten des Plakats hervorgerufene Reaktion über das im Bewusstsein bestehende Tabu, das als gegebene Tatsache hingenommen wird, siegen kann«[33].

Auch stellte sich die an den Betrachter gerichtete Frage, ob es skandalös sei, die Dinge so zu zeigen, wie sie sind. Die Antwort darauf war in Italien, wo das Bild gerichtlich verboten wurde, unmissverständlich.

Die entgegengesetzte Reaktion rief die Darstellung dafür in überwiegend protestantischen Ländern hervor, wo die Priesterehe Brauch ist.

In England beispielsweise wurde das Bild sogar mit dem »Eurobest Award« ausgezeichnet.

Von der Liebe ging Toscani zur Frucht der Liebe über. Noch im Herbst/Winter 1991 erschien die umstrittene Fotografie eines Babys (Abb. 54), die dieses – ein kleines Mädchen namens Giusy – unmittelbar nach der Geburt zeigt – noch mit der Nabelschnur, der kleine, strampelnde Körper mit Blut und Schleim bedeckt, das blau angelaufene Gesicht vom Krampf des ersten Schreis entstellt.

Nicht einmal der übliche anästhetisch weiße Hintergrund mildert die Schroffheit der Darstellung. Sie zeugt sehr realistisch von den Schmerzen der Wehen, von der entwaffnenden Gleichheit der Lebewesen bei der Geburt und dem kreatürlichen Ursprung des Menschen.

Der Anblick wirkte abstoßend und widersprach den üblichen Bemühungen, die Geburt als poetisches oder fröhliches Ereignis darzustellen. Er ließ Zweifel an dem guten Vorsatz Toscanis aufkommen, »ein Foto zu schießen, das nicht zu beanstanden ist – eines, das alle vereint, ein unantastbares Bild«[34].

Toscani musste sich vielmehr belehren lassen, dass auch die Geburt ein Tabu ist. Die Mailänder Gemeinde begründete die Entfernung des Plakats von der riesigen Tafel auf der Piazza del Duomo mit der »übertriebenen Gewalt und Rohheit des Themas«[35].

31. Oliviero Toscani,

Benetton,

Frühjahr/Sommer 1991

In Palermo war es die Stadt selbst, die sich gegen das Plakat auflehnte und vom Amtsrichter einen zensorischen Eingriff forderte – »vermutlich«, so Toscanis bissiger Kommentar, »weil in einer Stadt, in der es an jedem Tag einen Ermordeten gibt, das Foto eines soeben geborenes Mädchens ironisch wirken könnte«[36].
Während nun der unvermeidliche Termin beim Amtsrichter nicht auf sich warten ließ – entschieden wurde, das Plakat verletze das Feingefühl der Allgemeinheit –, sah sich Benetton aufgrund analoger Reaktionen der Entrüstung gezwungen, das Plakat auch in Großbritannien, Frankreich und Irland zurückzuziehen.
Eine ebenso unerwartete wie willkommene Unterstützung kam immerhin von einer gewissen Schwester Maria di Teramo, einer Theologin, die dem *Corriere della Sera* schrieb: »Es ist absurd, das Foto eines eben geborenen Mädchens zu zensieren, ein Bild des Lebens und der Freude; ebenso könnte man dann die Kruzifixe zensieren, die Bilder des Leidens sind.«[37]
Nachdem die erste Zeit der Verwirrung vorüber war, wurde der Werbekampagne mit Giusy schließlich doch noch verschiedentlich Anerkennung zuteil. In der Schweiz wurde das Bild mit dem Preis der »Société générale d'affichage« ausgezeichnet, in den Niederlanden wurde es in eine Ausstellung des Rotterdamer Museums Boymans van Beuningen aufgenommen, die die Ikonografie der Mutterschaft zum Thema hatte. In diesem Zusammenhang sei auch erwähnt, dass die Abteilung für Geburtshilfe und Gynäkologie der Poliklinik S. Orsola in Bologna das Bild für geeignet hielt, die Wand des Kreißsaals zu schmücken.

ANMERKUNGEN

17. V. Packard, *Die geheimen Verführer*, Düsseldorf 1958, S. 154
18. Ebenda, S. 15
19. O. Toscani, *Ciao mamma*, a. a. O., S. 122
20. Ebenda
21. Ebenda
22. Ebenda
23. Ebenda
24. *La pubblicità Benetton*, a. a. O., o. S.
25. Ebenda
26. O. Toscani, in *Sos razzismo*, a. a. O., S. 71
27. *La pubblicità Benetton*, a. a. O., o. S.
28. G. Dorfles, *Il Kitsch*, (1968), Mailand, Mazzotta, ^{4}1990, S. 175
29. A. Semprini, ebenda, S. 41
30. O. Toscani, *Ciao mamma*, a. a. O., S. 51
31. Ebenda
32. A. Semprini, in: ebenda, S. 43
33. O. Toscani, *Ciao mamma*, a. a. O., S. 53
34. Ebenda, S. 52
35. *La pubblicità Benetton*, a. a. O., o.S.
36. O. Toscani, *Ciao mamma*, a. a. O., S. 52
37. Schwester Maria, Brief an den *Corriere della Sera*, 14. November 1991

32. Oliviero Toscani,
Benetton,
Frühjahr/Sommer 1989

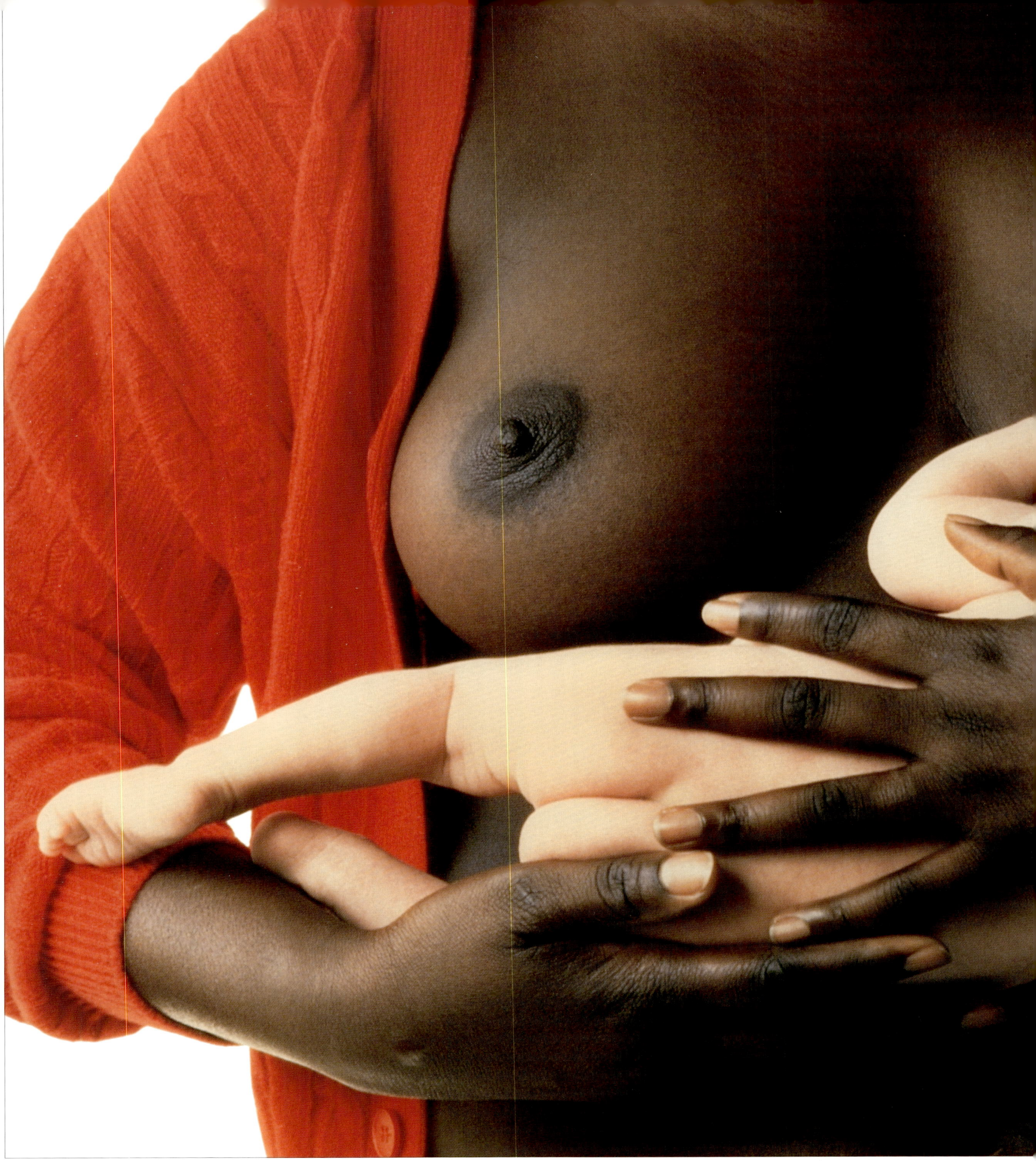

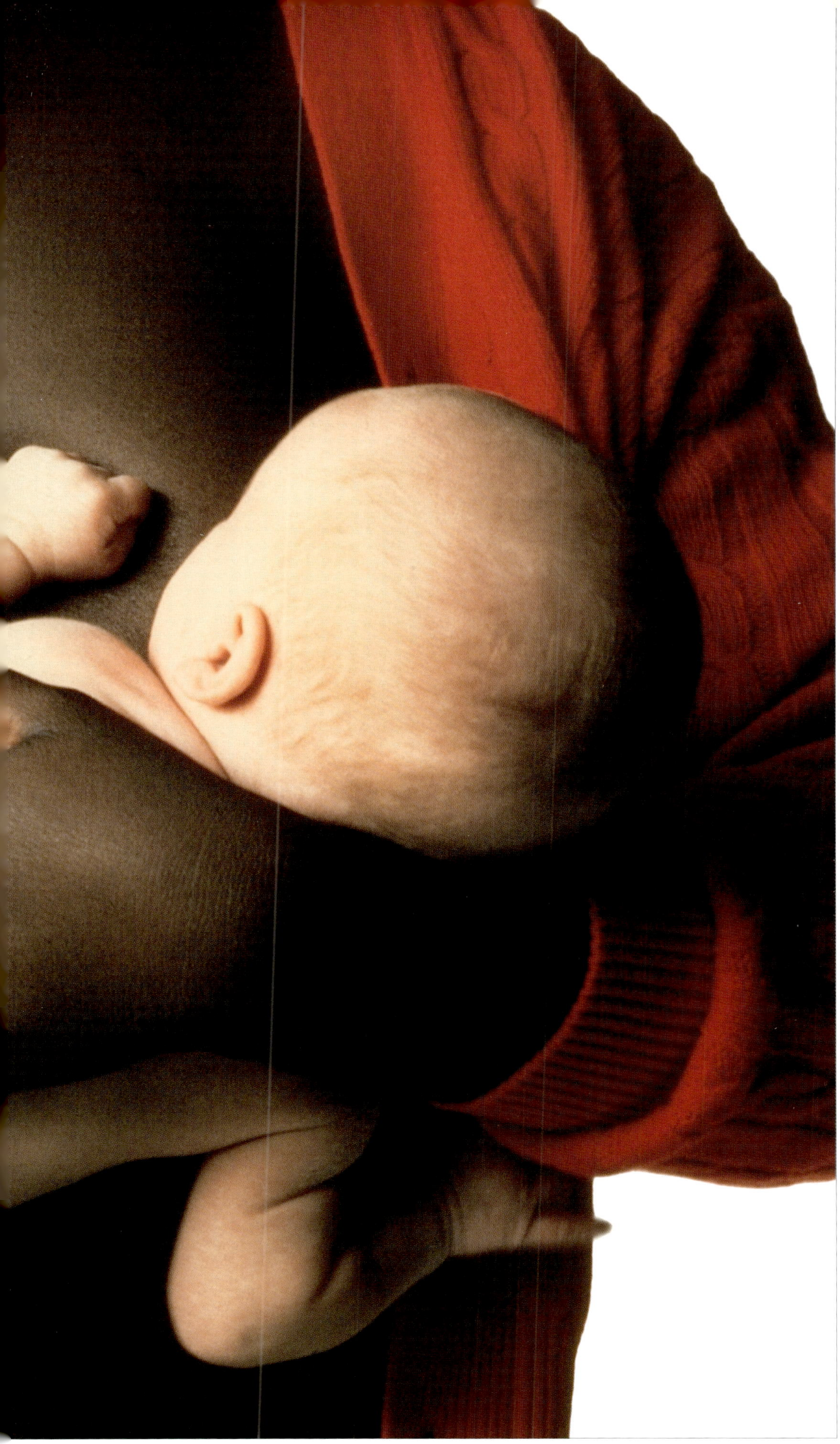

33. Oliviero Toscani,
Benetton,
Herbst/Winter 1989

34. Giorgione,
Das Gewitter (Ausschnitt),
um 1506.
Venedig, Akademie

35. Oliviero Toscani,
Benetton,
Frühjahr/Sommer 1990

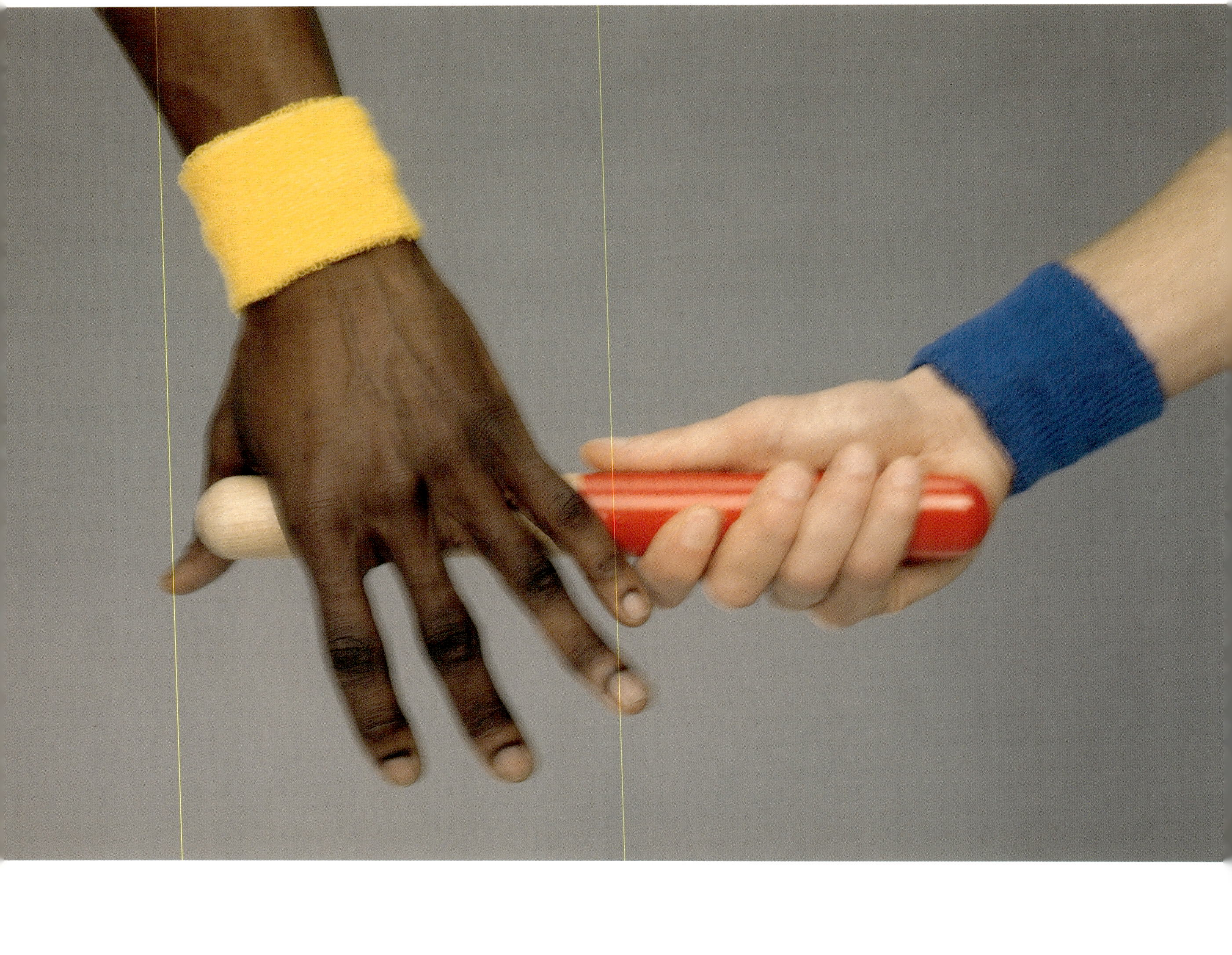

36. Oliviero Toscani,

Benetton,

Herbst/Winter 1989

37. Oliviero Toscani,

Benetton,

Herbst/Winter 1989

38. Oliviero Toscani,
Benetton,
Frühjahr/Sommer 1990

39. Oliviero Toscani,
Benetton,
Herbst/Winter 1989

40. Oliviero Toscani,

Benetton,

Herbst/Winter 1990

41. Oliviero Toscani,

Benetton,

Herbst/Winter 1989

42. Oliviero Toscani,
Benetton,
Frühjahr/Sommer 1990

43. Oliviero Toscani,

Benetton,

Frühjahr/Sommer 1990

44. Bildausschnitt:
Andres Serrano,
The Morgue,
Aids related death, 1992

45. Oliviero Toscani,
Benetton,
Frühjahr/Sommer 1990

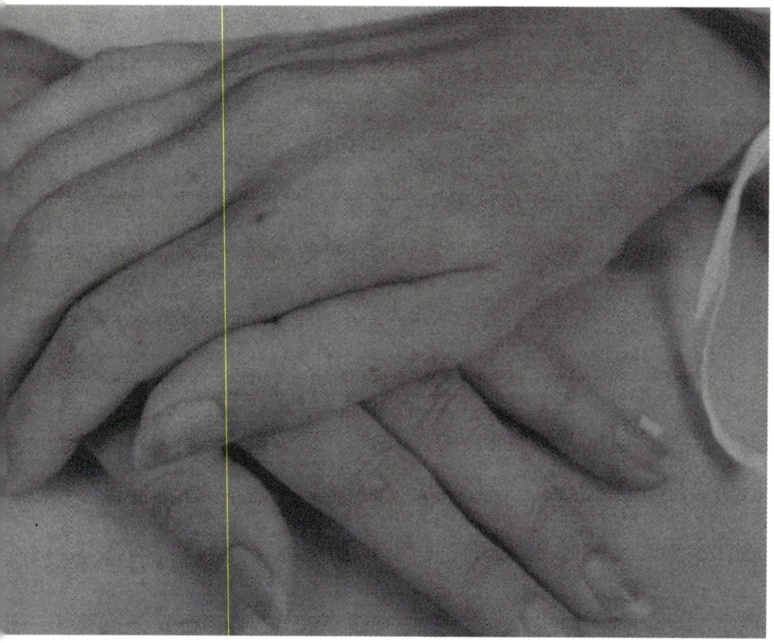

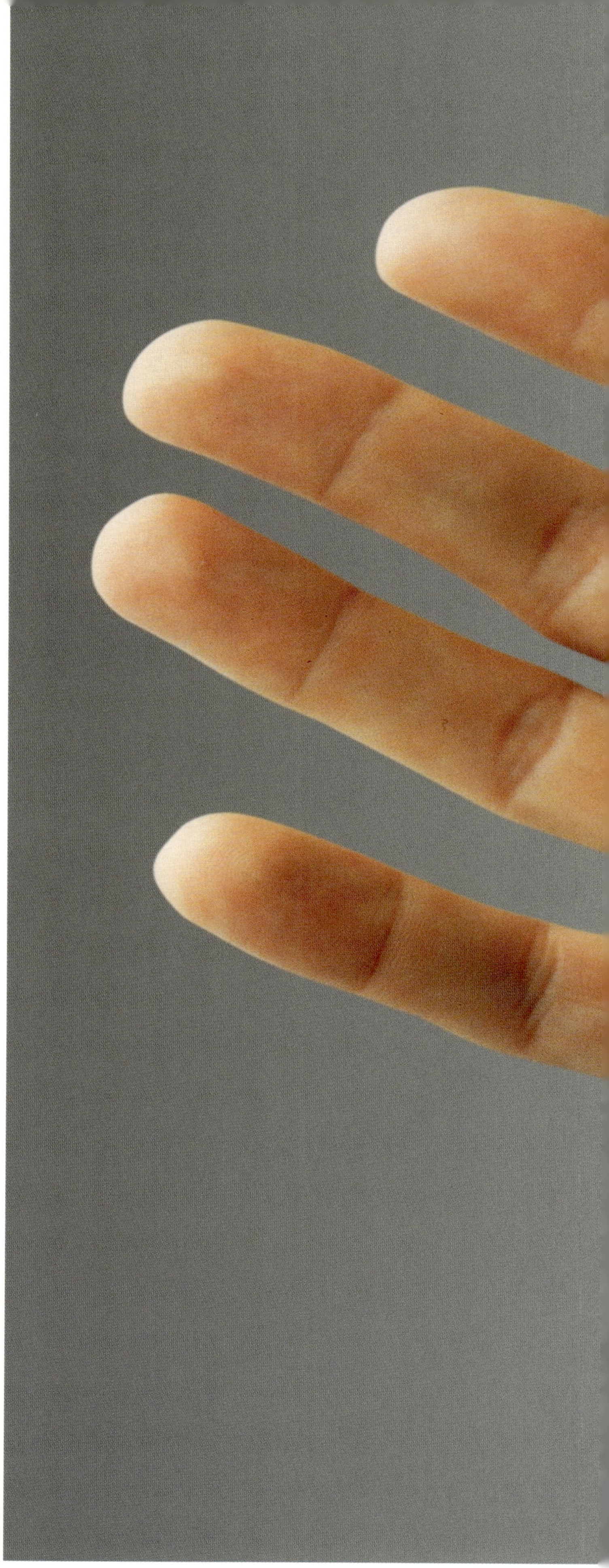

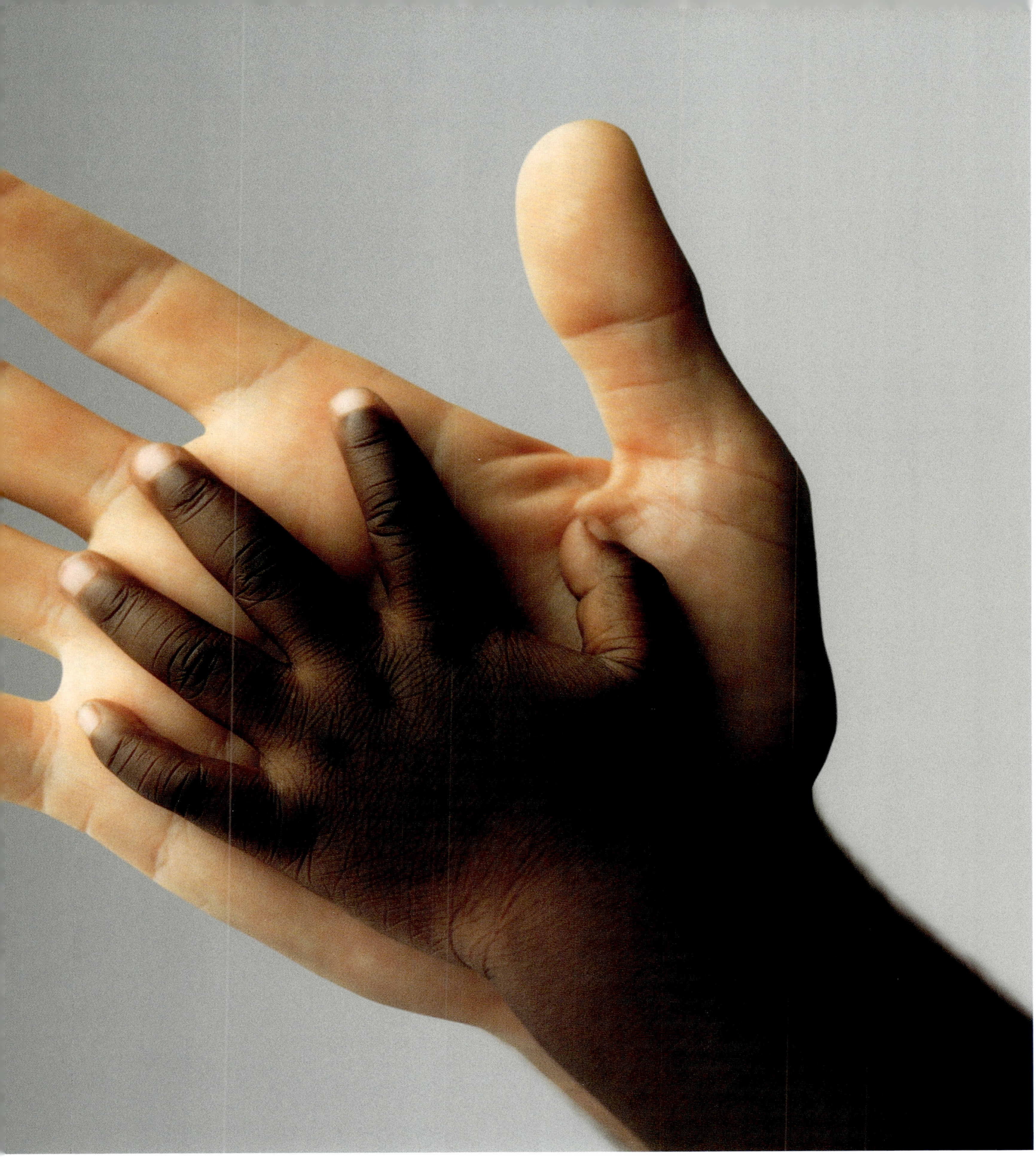

46. Oliviero Toscani,

Benetton,

Herbst/Winter 1990

47. Oliviero Toscani,

Benetton,

Herbst/Winter 1990

48. Oliviero Toscani,

Benetton,

Herbst/Winter 1990

49. Oliviero Toscani,

Benetton,

Frühjahr/Sommer 1990

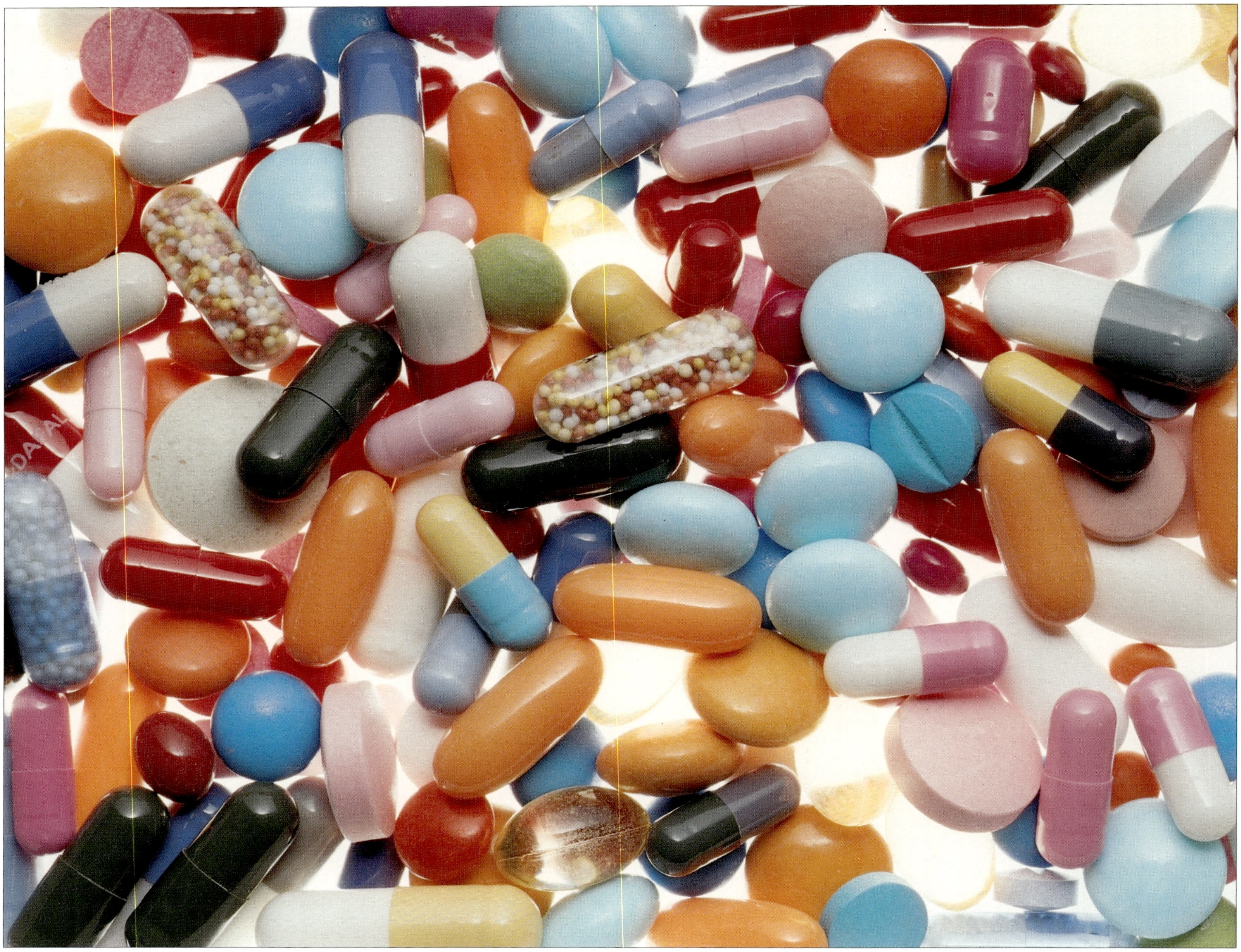

50. Oliviero Toscani,

Benetton,

Herbst/Winter 1990

51. Oliviero Toscani,

Benetton,

Frühjahr/Sommer 1991

52. Oliviero Toscani,
Benetton,
Frühjahr/Sommer 1991

53. Oliviero Toscani,

Benetton,

Frühjahr/Sommer 1991

54. Oliviero Toscani,
Benetton,
Herbst/Winter 1991

55. Oliviero Toscani,
Benetton,
Herbst/Winter 1991

56. Oliviero Toscani,

Benetton,

Herbst/Winter 1991

57. Oliviero Toscani,
Benetton,
Herbst/Winter 1991

58. Oliviero Toscani,

Benetton,

Herbst/Winter 1991

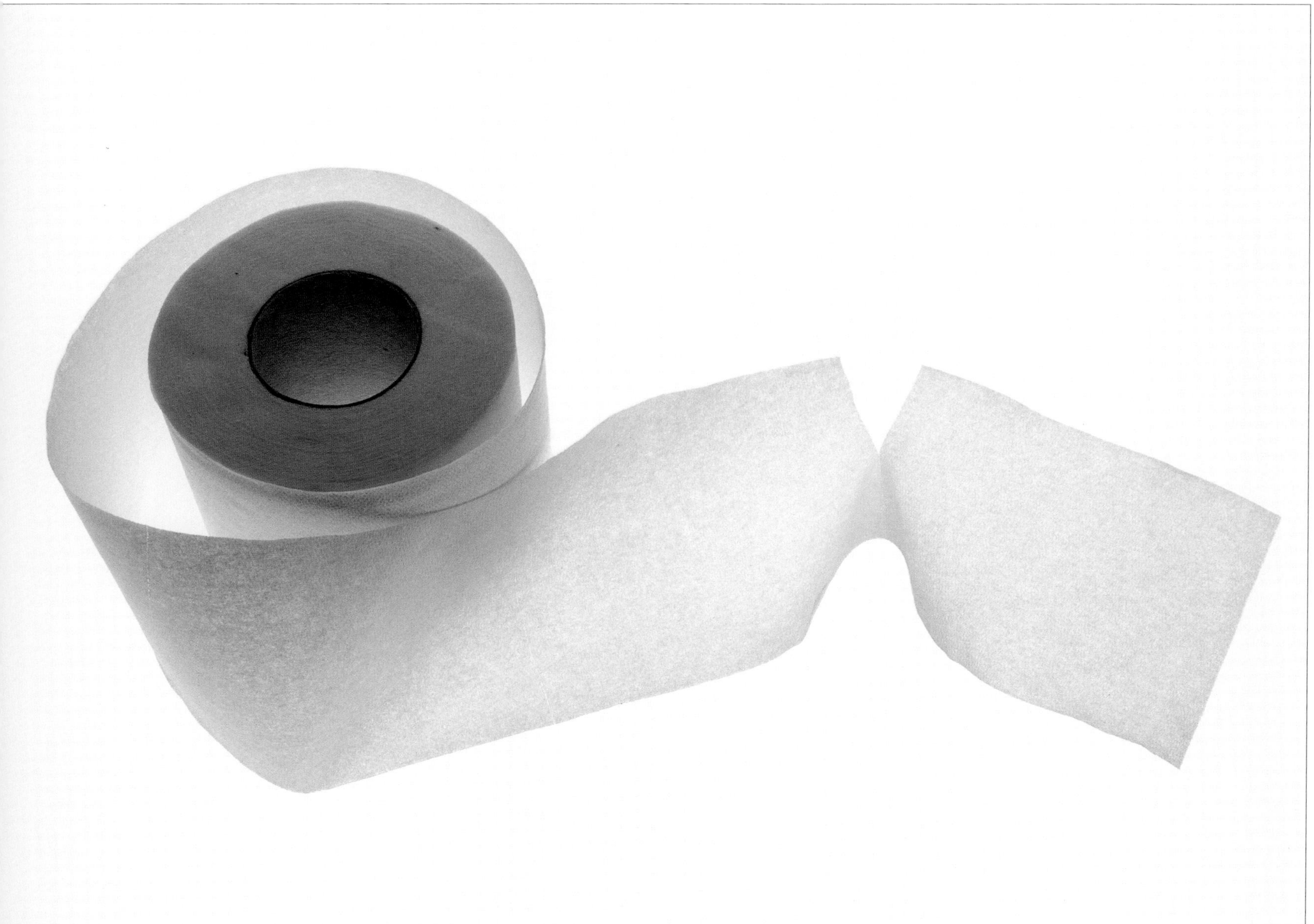

59. Oliviero Toscani,

Benetton,

Herbst/Winter 1991

BERICHTERSTATTUNG IN DER WERBUNG

Das Jahr 1992 erwies sich als die bedeutendste und innovativste Phase der Benetton-Werbung.

Oliviero Toscani vollzog eine entscheidende Wende hin zu einem extremen Realismus, der sich bereits im vorangegangenen Jahr mit dem Plakat des Soldatenfriedhofs angekündigt hatte.

Für seine neue radikale Position gab Toscani die künstlerisch ausgefeilte Reproduktion im Werbestudio auf; stattdessen ging er zu einer originalgetreuen Wiedergabe der Tatsachen über, indem er Pressefotografien übernahm, die gar nicht von ihm selbst stammten.

Bis zu dieser Zeit hatte er sich zwar auch mit bereits gegebenen Themen beschäftigt, doch hatte er in seinen Darstellungen – welche die Motive frei schwebend vor einem abstrakten und strahlend weißen Hintergrund zeigten – die Realität noch manipuliert.

In einer Erklärung seiner Darstellungsmethode verwies Toscani auf den Optimismus der Unternehmensphilosophie, die die Lösung von Problemen der zeitgenössischen Gesellschaft für möglich hielt. Der Beginn des Realismus ging einher mit Pessimismus: Gewalt, Attentate, Krankheit und Naturkatastrophen aus der unbarmherzigen Sicht des Fotoreporters darzustellen, war gleichbedeutend mit einer Kapitulation. Die Welt entsprach nicht mehr den bisherigen humanitären Utopien von Toscani-Benetton. Sie war voller Gewalt, Morde, Agonien und schwerster Konflikte, angesichts derer der Fotograf – der sich darauf beschränkte, diese so aufzunehmen, wie sie sich ihm darboten – seine Ohnmacht zugab. Er fand einen Ausgleich lediglich in der Mission, Erkenntnis und Information zu vermitteln.

Die so entstandenen Bilder sind, »über die Ohnmacht und die ernüchterte und enttäuschte Betrachtung der schlimmsten Aspekte des menschlichen Wesens hinaus«[38], wie Semprini feststellte, »nicht nur ›negativ‹, sondern ›schockierend‹. Sie zeigen den Schmerz, das Leiden, die Trostlosigkeit mit aller Grausamkeit und Direktheit«.[39]

Das grundsätzliche Prinzip der Werbung, die Assoziation der Ware mit einem negativen Ereignis zu vermeiden, wurde mit der Kampagne des Jahres 1992 grundsätzlich verletzt. Die nie zuvor realisierte Idee, zu ausschließlich journalistischen Zwecken geschossene Fotos in der Werbung wiederzuverwenden und in Umlauf zu bringen, erschien hierfür als das geeignete Mittel.

Toscani tapezierte die Mauern der Städte mit Bildern, die aus der journalistischen Berichterstattung stammten. Sie erzielten ihre Wirkung auch durch die Vergrößerung zu Gigantographien – ein Mittel, das das Publikum bereits kannte.

Paradoxerweise zeigte Toscani gar nichts Neues; er stellte lediglich die tragischen Ereignisse, die täglich in der Presse und im Fernsehen verbreitet und von den Menschen begierig verschlungen werden, ein weiteres Mal zur Schau. Es ist offensichtlich, dass die Schockwirkung, die die Bilder bei den Passanten beziehungsweise Konsumenten hervorriefen, auf der Dekontextualisierung der Darstellungen beruhte.

Das Problem waren dabei nicht so sehr die Fotos an sich – die in ihrer Wirkung zwar abstoßend, doch ihrem Wesen nach ja nicht unmoralisch waren –, sondern vielmehr die Legitimität ihres Gebrauchs. So bestand der eigentliche Skandal darin, dass der Werbefotograf für sich beanspruchte, anstelle der Medien, der Wissenschaften und der Politik bestimmen zu können, welche Themen es verdienten, in der Öffentlichkeit diskutiert zu werden.

Der Werbung, die traditionell ein hartes Geschäft ist, wird weder das Recht noch das nötige Ansehen zugesprochen, sich an derartigen Diskussionen zu beteiligen. Da ihr Ziel der Verkauf ist, wird jede ihrer Äußerungen durch den Verdacht des Utilitarismus entwertet. Von der

60. Andy Warhol,
Weißes brennendes Auto III
(Ausschnitt), 1963.
New York, Andy Warhol
Foundation for the Visual
Arts, New York

61. Gian Luigi Bellini,
Globe Photos,
Konzeption von
Oliviero Toscani,
Benetton,
Frühjahr/Sommer 1992

Wirtschaft erwartet man Konten und Bilanzen, keine tiefgründigen Reflexionen über den Zustand der Welt.

Toscani hingegen nahm sich die Freiheit, das Gewand des Intellektuellen überzustreifen und das Gewissen anzusprechen. »Doch mit welchem Recht, wenn das Ziel auf den Absatz von Jeans und Pullovern beschränkt ist?« – so lautete die allgegenwärtige Frage seiner Gegner. Auch fragte man sich: »Was hat Aids mit Pullovern zu tun?«

In diesen Reaktionen sind eindrucksvoll das Staunen und die Verwirrung zusammengefasst, die die Benetton-Werbung hervorrief.

Die zweite Frage übernahm der Fotograf in den Untertitel eines Buches, das im Januar 1993 erschien. Der Band umfasst hundert Briefe, die aus der ganzen Welt an Benetton geschickt wurden. Sie stammen von den unterschiedlichsten Personen, von »Studenten, Müttern, Professoren, Priestern und Nonnen«[40], die zum ersten Mal ihre Meinung über eine Angelegenheit äußerten – die Werbung –, deren Beurteilung bis dahin einem Kreis von Spezialisten und direkt damit Befassten vorbehalten gewesen war.[41] Nie zuvor hatten sich ganz normale Menschen veranlasst gefühlt, ihrer eigenen Meinung über eine Werbekampagne Ausdruck zu verleihen.

Demokratisch und nicht ohne Klugheit stellte Toscani Beleidigungen, Drohungen, Kritik und Flüche sowie Beifall, Ratschläge und Aufmunterungen zusammen. Sein strategisches Vorgehen erlaubte es ihm, sich tolerant zu zeigen: »Ich ziehe die Briefe vor, in denen ich kritisiert werde«.[42] Dabei schützte er jedoch keine falsche Bescheidenheit vor: »Natürlich werde ich von zustimmenden überhäuft.«[43]

Er distanzierte sich aber auch von »falschen Freunden«[44], deren Zustimmung auf fragwürdigen Überzeugungen beruhte. So schrieb er, die Aufmunterungen basierten »häufig auf einer sehr vulgären und beschränkten Weltsicht, die beispielsweise in Zuschriften von Rassisten ans Tageslicht kommt. Oder auch von denen, die in das Gewand der Moralisten, der Verfechter des guten Geschmacks oder der Tugend schlüpfen, ohne die geringste Anstrengung zu unternehmen, über ihren Tellerrand hinaus zu blicken.«[45]

Auf die schwerwiegende Anschuldigung, das Tragische zu Geschäftszwecken auszunutzen, antwortete Toscani mit einem Gegenschlag: »Ich glaube, dass derjenige, der Anklage gegen den Zynismus erhebt, im Grunde der wahre Zyniker ist, und dass derjenige, der im Namen der Moral beleidigt, die Methoden gut kennt, ihr aus dem Weg zu gehen.«[46] Zur Verteidigung seiner Fotografien wählte Toscani ähnliche Worte wie Oscar Wilde, der zur Verteidigung seiner Schriften geschrieben hatte: »Es gibt weder moralische noch unmoralische Bücher. Bücher sind gut geschrieben oder schlecht geschrieben.«[47]

Jenseits der Polemiken und Skandale fragt man sich, wie Oliviero Toscani auf die eigenartige Idee gekommen war, journalistische Fotos in der Werbung zu verwenden.

Toscanis Vorgehen hatte alle an die Wand gespielt, wie er selbst nicht ohne Genugtuung feststellte. Er hatte »auf der einen Seite ein enormes Echo aus den Zeitungsredaktionen bekommen und auf der anderen Seite das traditionelle System der Werbung in eine Krise gestürzt«[48]. Das Jahr 1992 markierte Toscanis Reifezeit, in der die kulturellen und persönlichen Erfahrungen vieler Jahre zusammenflossen.

Die Idee zur Verwendung von Pressefotos lässt sich möglicherweise mit dem – wenn auch vielleicht unbewussten – Bedürfnis des mittlerweile Fünfzigjährigen, der nunmehr auf dem Gipfel des weltweiten Erfolgs stand, erklären, sich mit der Vaterfigur des anerkannten Fotoreporters zu messen. Gewöhnlich genießt ein Journalist höheres Ansehen und mehr gesellschaftliche Achtung als ein Werbefotograf, auf

62. Andy Warhol, *Großer elektrischer Stuhl*, 1967. The Andy Warhol Foundation for the Visual Arts, New York

63. Lucinda Devlin, Konzeption von Oliviero Toscani, *Benetton*, Herbst/Winter 1992

dem der Verdacht einer geringeren intellektuellen Bildung und der Druck des kommerziellen Zwecks lastet.
Freudianisch gesprochen schien Toscani die symbolische Tötung des Vaters auf beruflicher Ebene vollzogen zu haben. Anstatt jedoch den Weg der direkten Auseinandersetzung zu gehen, verübte er eine Geste der kindlichen Ehrfurcht, indem er Gebrauch zwar nicht vom tatsächlichen Werk des Vaters machte (das sich als zu zeitbezogen und somit unzweckmäßig erwies), aber doch von dem ihm zugrunde liegenden Prinzip. Dies war eine Herausforderung und im Ergebnis auch durchaus eine indirekte Huldigung.

VON DUCHAMP ZU WARHOL

1992 war auch das Jahr, in dem Begriffe und Vorlieben wieder auftauchten, die Toscani während seiner Studienzeit an der Kunstgewerbeschule in Zürich erworben hatte. Manches davon wurde ganz offensichtlich zum Bezugspunkt für die aktuelle Werbekampagne – so der Anschluss an die *concerned photography* und die von Stauffer vermittelte, auf Duchamp zurückgehende Verbindung von Kunst und Politik, die sich etwa widerspiegelt in dem grausamen Realismus, dem gesellschaftlichen Engagement und der anklagenden Haltung von Plakaten wie dem des Soldaten, der einen menschlichen Oberschenkelknochen hält (Abb. 73), des überbesetzten albanischen Schiffs (Abb. 66) oder der Steine transportierenden Kinder (Abb. 74).
Auf den Vater des Dadaismus könnte – neben der generellen Tendenz zum Zynismus und zur Entfremdung – auch die grundsätzliche Methode zurückzuführen sein, die der Dekontextualisierung und Zweckentfremdung der Darstellungen zugrunde liegt. Eigentlich übertrug Toscani die Mittel, die Duchamp angewendet hatte, nur auf seinen eigenen Bereich: Der eine nahm für sich das Recht in Anspruch, sein Kunstwerk als *objet trouvé* zu bezeichnen, der andere führte in die Werbung das *photo trouvé* ein. Die Aufnahmen wählte Toscani aus etwa 2000 Bildern aus, die er von Agenturen wie Magnum und Sygma in New York erhielt.
Auch in biografischer Hinsicht ist der Bezug zu Andy Warhol erwähnenswert: Der König der Pop-Art war Werbefachmann gewesen, bevor er Künstler wurde – Toscani hingegen erscheint als Werbefachmann mit künstlerischen Ambitionen. Beide vereinte das Interesse an der Ikonografie der Massenwerbung.
In einer bestimmten Periode ihres Schaffens war sich ihre Produktion grundsätzlich ähnlich, denn beide stellten die Ereignisse nüchtern dar, indem sie Pressefotografien der ersten Zeitungsseiten reproduzierten. Der eine übertrug sie im Siebdruckverfahren auf Leinwand, der andere füllte – dreißig Jahre später – damit die Plakatwände. Beide registrierten die grausamen Ereignisse, die die öffentliche Meinung bewegten – Selbstmorde, Unfälle, Morde – mit der gleichen Kälte.
Gleichermaßen trifft auf Toscani zu, was der amerikanische Kunstkritiker Robert Rosenblum über Warhol schrieb: Dessen Bilder seien entstanden aus »einem Zustand moralischer und emotionaler Anästhesie«[49]; sie spiegelten die Benommenheit der Massen wider, welche durch die obsessive und quälende Wiederholung der Medien benebelt seien. In diesem Zustand sei der *scoop* von gestern heute bereits vergessen, verdrängt von der frenetischen Folge der neuen, noch erschütternderen und krankhaft aufreizenden Unfälle.
Paradoxerweise beraubt die distanzierte, kalte und unpersönliche Haltung des Fotoreporters, der jeden Tag zynisch nach neuen Unglücken sucht, die er der kannibalistischen Menge zum Fraß vorwerfen könnte, die Ereignisse ihrer Einzigartigkeit. Der kalte, unparteiische Blick verwandelt sich in einen sozial und politisch engagierten Blick,

wenn er vom Kontext losgelöst wird, der ihn rechtfertigt. Isolierung und Dekontextualisierung verschaffen dem Bild die Eigenschaft einer Ikone, die mit einem anklagenden Pathos behaftet ist. So behauptete der amerikanische Wissenschaftler Kinaston McShine, Warhol sei nur »scheinbar politisch neutral« gewesen.[50] In Wahrheit habe er Werke geschaffen, »die dazu geeignet sind, als Anklage gegen Fanatismus, Gewalt und Brutalität interpretiert zu werden«[51] – eine Einschätzung, die wiederum auch auf Toscani zutrifft.

Der verwirrende Effekt der Werke Toscanis und Warhols beruhte darauf, dass sie die Grenzen der Disziplinen überschritten, Kunst, Werbung und Berichterstattung miteinander vermengten und Altes so darboten, als sei es neu. Der neue Zusammenhang, in dem die Fotos erschienen, ließ den zunächst dominierenden Déjà-vu-Effekt der Bilder in den Hintergrund treten. Das »unangebrachte« Bild rief derartig empörte Reaktionen hervor, weil es das Konsumsystem der Informationen brüsk kurzschloss und damit die öffentliche Meinung zwang, sich mit Argumenten und Themen zu beschäftigen, die sie lieber ausblenden würde.

Warhols Werke, die Toscani in jenem kreativen Jahr 1992 beschäftigt haben mögen, sind die beängstigenden Serien *Disasters* (1962/63) und *Electric Chairs* (1963-67). In einigen Plakaten hat Toscani diese Inspirationsquellen geradezu zitiert; die Themen und die Art und Weise ihrer Umsetzung zeigen eine außergewöhnliche Konvergenz. Das Risiko des Plagiats wurde nur dadurch vermieden, dass die Fotografien aktuellen Datums waren. Der Werbefotograf bezog sie fast immer von derselben Agentur.

So erweist sich etwa Warhols Bild mit dem Titel *Weißes brennendes Auto III* (Abb. 60, 1963) mit seinem Vordergrund aus Rauch und Flammen als Vorbild für die Fotografie eines brennenden Autos, die Gian Luigi Bellini für Globe Photos aufgenommen hatte und mit der die Werbekampagne vom Frühjahr/Sommer startete (Abb. 60, 61). Die Darstellung *Gangsterbegräbnis* – 1963 hochgelobt – nahm die Szene vorweg, in der ein in einem sizilianischen Dorf ermordeter Mafioso gezeigt wird (Abb. 68). Das Bild, das Franco Zecchin für Magnum geschossen hatte und das für dieselbe Werbekampagne ausgewählt wurde, war gleichsam ein *flashback* von Warhols Bild.

Der *Blaue elektrische Stuhl* von 1963 und der *Große elektrische Stuhl* von 1967 (Abb. 62) sind auf die gleiche gespenstische Weise hell ausgeleuchtet wie der von Lucinda Devlin aufgenommene elektrische Stuhl, mit dem das Jahr 1992 ausklang (Abb. 63, 62).

Bei anderen Bildern desselben Jahres ist der Bezug zu Warhol ein allgemein ideologischer. So bildete Warhols Darstellung *Bellevue* (1963), die die Thematik der Geisteskrankheit aufgreift, die Vorlage für ein Plakat, das den Todeskampf eines Aidskranken zeigt (Abb. 65). Ebenso wurde die ökologische Stellungnahme des Pop-Art-Künstlers gegen die Vergiftung durch verseuchte Nahrung, die in *Thunfisch-Desaster* (1963) zur Anschauung kommt, verallgemeinert, indem Toscani – mit den Plakaten des mit Öl bedeckten Kormorans (Abb. 76) und der Schweine auf einer Müllhalde (Abb. 77) – generell auf das Thema der Umweltkatastrophe Bezug nahm.

Die verschiedenen Versionen von Warhols *Rassenaufruhr* (1963/64) wurden mit den Plakaten des Albanerschiffs (Abb. 66) und des Sturms auf die Container (Abb. 67) wiederbelebt.

GEWALT UND ELEND

Wenn man die Bilder hinsichtlich ihres jeweiligen Gegenstands betrachtet, so fällt auf, dass der Tod – als eines der ausgeprägtesten Tabus in unserer neurotisch vitalen Gesellschaft – in den Kampagnen von 1992 ein wiederkehrendes Thema war. Nachdem Toscani dieses Thema ein Jahr zuvor in gestalterischer Hinsicht noch zurückhaltend behandelt hatte, sparte er in der neuen Werbekampagne, die auch den Gegenstand des Friedhofs wieder aufgriff, nicht mit trostlosen oder gar blutigen und beängstigenden Anblicken. Indem er die Sichtweise des Fotoreporters übernahm, wurde sein Blick scheinbar unparteiischer; tatsächlich aber zeugt er von Teilnahme, Entrüstung und Zorn. Das bereits erwähnte Plakat, das in riesenhafter Vergrößerung den Mord an einem Mafioso zeigt (Abb. 68), verstärkt durch seine Größe den Eindruck der Involvierung des Werbefotografen in die Tragödie. Im Vordergrund sieht man eine Blutlache, in der sich das würdevolle und teilnahmslose Gesicht einer im Hintergrund stehenden Frau spiegelt. Vor ihr ist ein weißes Laken zu sehen, das barmherzig über den Ermordeten gebreitet ist. Zu Füßen des Leichnams sitzt eine tränenüberströmte alte Frau; eine dritte Trauernde, wie die beiden anderen ganz in Schwarz gekleidet, kauert links neben dem Toten. Ansonsten ist die von der Sonne beschienene Straße trostlos und verwaist.

In der Farbgebung kehrte Toscani hier zu dem obsessiven Schwarzweiß zurück, das für seine früheren Arbeiten charakteristisch gewesen war. Der Gegensatz zwischen den schwarzen Kleidern der Frauen, dem reinweißen Tuch auf dem Asphalt und der in ihren unterschiedlichen Graunuancen fast aquarellhaft wirkenden Mauer im Hintergrund erscheint dramatisch. Die Dramatik des Schwarzweiß wird noch verschärft durch das grausige Rot der Blutpfütze, die den schaudernden Blick immer wieder auf sich zieht.

Der gewalttätige Charakter des Bildes widerlegte auf drastische Weise die Vorstellung von der Mafia als einer Art tropischer Krankheit, die durch Isolation zu bekämpfen wäre. Ein schrecklicher Zweifel befiel den Betrachter des Plakates: War es vielleicht sein Desinteresse, das bei Verbrechen wie diesem Pate stand?

Der Tod ist auch in einem weiteren Plakat thematisiert, das die in den Vereinigten Staaten praktizierte Todesstrafe ins öffentliche Bewusstsein rückte (Abb. 63).

Ein gespenstisches und fahles bläuliches Licht zerreißt die Leere eines düsteren Raumes. In der Mitte bietet sich der grausame Anblick eines elektrischen Stuhls, der wie ein finsterer Thron auf einer Matte zentriert ist. Ein Kabel läuft die Rückenlehne entlang, windet sich um die Stuhlbeine und setzt seinen Verlauf auf dem Boden fort. Mit einem Schaudern erkennt man in ihm das Medium der Tötung. Die legalisierte Folterkammer ist vorbereitet. In Kürze wird der Verurteilte eintreten.

Die Darstellung setzt einen Mechanismus von Schuldgefühlen in Gang, der dem Betrachter nur zwei Alternativen lässt – die entrüstete Verurteilung der Kampagne oder die entgegengesetzte Reaktion der Zustimmung.

In ebensolcher Weise wirkten auch die anderen Darstellungen des Jahres 1992 – so etwa auch die Fotografie, auf der ein schwarzer Soldat mit einer umgehängten Kalaschnikow einen menschlichen Oberschenkelknochen umfasst (Abb. 73). »Einen schrecklichen Anblick«[52] biete – so Toscani – das Bild, »das Fragen über den Kolonialismus, den Rassismus, über ein missverstandenes Machtgefühl, über materielle Armut und Bildungsnotstand«[53] aufwerfe – Fragen, die sich ein großer Teil des Publikums nicht stellte, weil es sich darauf beschränkte, gegen die Verbreitung eines derart grausamen Fotos zu protestieren.

64. Caravaggio,
Grablegung, Christi,
1602–04
Rom, Vatikan, Pinakothek

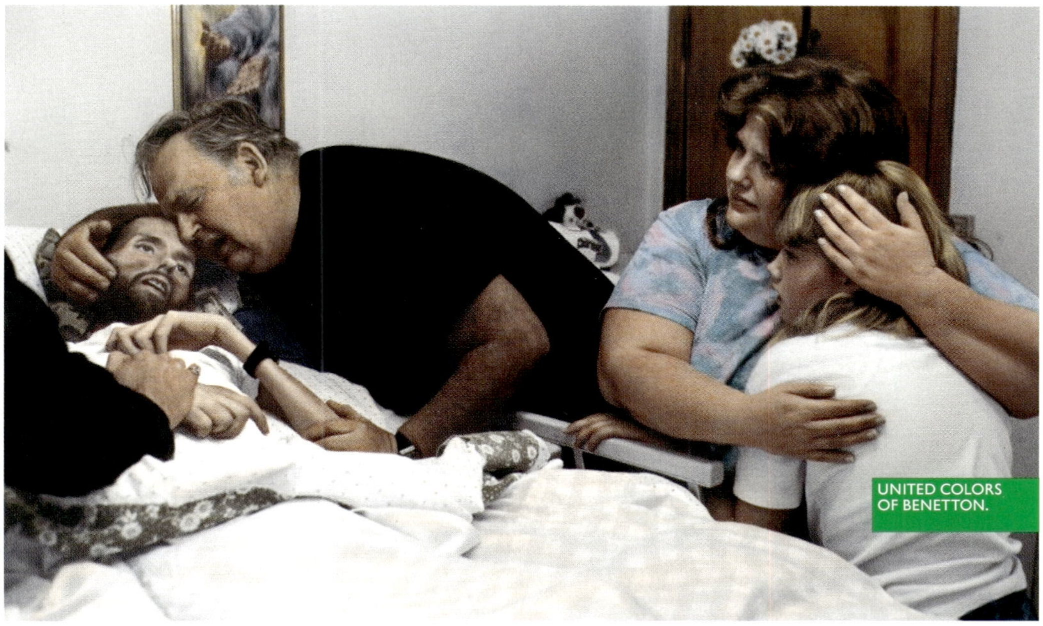

65. Thérèse Frare,
Konzeption von
Oliviero Toscani,
Benetton,
Frühjahr/Sommer 1992

Wut und Protest schlugen auch einer anderen, fast ebenso schockierenden Fotografie entgegen (Abb. 74). Auf dieser sind ein paar Kinder zu sehen, von denen das älteste höchstens fünf Jahre alt ist. Sie schleppen Ziegelsteine und schieben Schubkarren, die wahrscheinlich so schwer sind wie sie selbst. Mit diesem Hinweis auf die Ausbeutung von Kindern stellt das Plakat die Freude an dem Wohlstand, den der Westen im Gegensatz zur Dritten Welt genießt, von Grund auf in Frage.

Den Kontrast zur Überfluss- und Verschwendungsgesellschaft des Westens verdeutlicht auch das als Plakat vergrößerte Foto eines albanischen Flüchtlingsschiffs, das am 18. August 1991 in Bari einlief (Abb. 66). Das Schiff war mit Hunderten von Menschen besetzt, die auf der Suche nach Freiheit und Wohlstand die Hoffnungslosigkeit der Heimat verlassen hatten. »Das Foto wirkt zeitlos und gehört doch in jene noch nicht fernen Tage, als wir alle am Strand lagen und das italienische Wohlleben genossen«[54], schrieb Toscani dazu – nicht ohne sich selbst mit einzuschließen.

Der erschütternde Anblick der auf dem Schiff befindlichen Menschentrauben musste in Italien unweigerlich die Erinnerung an die Auswanderungswelle der zwanziger und dreißiger Jahre des 20. Jahrhunderts wachrufen, an den Massenexodus der unter Armut leidenden italienischen Bevölkerung in die Vereinigten Staaten, nach Südamerika, Australien und Kanada. Der Anblick erinnerte aber auch an die in der Nachkriegszeit erfolgte Zwangsumsiedlung der Massen italienischer Arbeiter nach Belgien, Deutschland und in die Schweiz.

In Anbetracht der Internationalität der Werbekampagne gelangte das Plakat auch zu allgemein gültiger Wirkung, indem es an die Dramatik anderer Auswanderungsbewegungen – so etwa der kubanischen – erinnerte.

Der Betrachter des Plakats kennt derartige Ereignisse allenfalls aus Romanen oder Filmen wie »Lamerica« von Gianni Amelio oder der neuesten Hollywoodversion vom Untergang der Titanic. Der Realität der beängstigenden Massenflucht jedoch vermag er kaum ins Auge zu sehen.

DER AIDS-SKANDAL

Das spektakulärste Bild des Jahres 1992, das die bei weitem heftigsten Proteste hervorrief, zeigt den Tod eines Aidskranken (Abb. 65).

In einem anonymen Krankenhauszimmer in Ohio ist ein sterbender Mann im Kreise seiner Familie zu sehen. Die herzzerreißende Szene erinnert an eine *Pietà* des 17. Jahrhunderts – mit seinem ausgemergelten, blutleeren Gesicht, seinen ins Leere blickenden, aufgerissenen Augen und seinen dürren, abgemagerten Armen wirkt der Kranke wie ein sterbender Christus.

Der furchtbare Anblick des vom HIV-Virus zerstörten Leibes wird unterstrichen durch ein beinahe carravaggieskes Licht und durch Farbkontraste wie den Gegensatz des weißen Lakens und der weißen Haut des Sterbenden zum schwarzen T-Shirt des Vaters. Drastisch wirkt angesichts des dünnen Körpers des Todgeweihten die Fettleibigkeit der Eltern und des Mädchens.

Schmerz und Leid stehen im Vordergrund dieser Darstellung. Davon zeugen das leidvolle Antlitz des Sterbenden ebenso wie die von Trauer verzerrte Miene des Vaters oder die angstvolle Umarmung der Mutter, die das Kind tröstend an sich drückt und doch selbst Trost sucht.

In der düsteren Atmosphäre des Raumes scheinen sich die Klarheit und das Mysterium des Todes im Blick eines Fremden widerzuspiegeln, der außerhalb des Bildes steht – vielleicht eines zur letzten Ölung gerufenen Priesters. Auch scheint sich der Tod in dem Gemälde widerzuspiegeln, das über dem Kopfende des Bettes aufgehängt ist und das eine Darstellung Christi zeigt, der mit offenen Armen die gequälte Seele des Sterbenden zu empfangen scheint.

Es ist zweifellos ein beängstigendes Bild, und auch die Tatsache, dass das Foto von David Kirby – dem Sterbenden – genehmigt worden war, der bis zuletzt »dafür gekämpft hatte, die Menschen zu informieren und für diese schreckliche Krankheit zu sensibilisieren«[55], ändert daran nichts. Hilflos wirkte es auch, als die Mutter des Betroffenen versicherte, sie fühle sich »durch die Veröffentlichung des Bildes geehrt«[56], und als der Vater sagte, sein Sohn habe »nach seinem Tod mit viel lauterer Stimme gesprochen als zu seinen Lebzeiten«[57].

Und doch erscheint das Plakat gerade in diesem Sinne als Aufruf zur Solidarität mit dem Kranken, und es gemahnt an Susan Sontags traurige Feststellung, dass Aids eine Krankheit sei, »die vielen den sozialen Tod beschert, bevor sie noch physisch tot sind«[58].

Toscani, für den »das Foto des Mannes, der im Kreis seiner Familie stirbt, ein Ausdruck der Hoffnung«[59] war, stieß mit der Darstellung jedoch auf breite Ablehnung. Es kamen sogar Vermutungen auf, er hege, als Werbefotograf, der die Tragödie anderer zu Gewinnzwecken kommerzialisiere, ein Gefühl der Abneigung oder Missbilligung gegenüber Menschen, die an der Immunschwächekrankheit leiden.

Insgesamt aber war weniger dies der Stein des Anstoßes, sondern vor allem die Tatsache, dass das Plakat das Bild eines Toten in den öffentlichen Raum brachte. Der Öffentlichkeit wurde ein Sterbender vor Augen geführt, dessen Krankheit – wie Susan Sontag feststellte – immer noch als Ergebnis der »Abhängigkeit von Drogen, die illegal sind, und von Formen der Sexualität, die als abartig gelten«[60] betrachtet wurde. Auch verhindere – so die Autorin – die Instrumentalisierung des Virus durch einige Geistliche, die die Krankheit als Geißel Gottes, als Rache der Natur oder als Begleiterscheinung des Niedergangs der Menschheit ansähen, die Verwandlung von Aids in ein Problem, das »letzten Endes, direkt oder indirekt, alle betrifft«[61]. In diesem Zusammenhang bestehe die Gefahr einer immer stärkeren »ideologischen Mobilmachung gegen abweichendes Verhalten«[62].

Von Großbritannien aus – wo Maggie Alderson, die Chefin der englischen Ausgabe von »Elle«, die Veröffentlichung des Bildes ablehnte – breitete sich der Aids-Skandal rasch über Europa und Amerika aus. Er zwang die großen Presseorgane der Welt, sich in ihren Berichten mit dem Thema zu befassen.

The Guardian, die erste britische Tageszeitung, die die Annonce ganzseitig gedruckt hatte, fühlte sich genötigt, die Kampagne und damit sich selbst zu verteidigen. In einem am 24. Januar veröffentlichten Artikel hieß es: »Obwohl die Kritik von allen Seiten kommt und die Werbefachleute das Plakat missbilligen, hat Benetton sich als unumstrittener Meister der Medien erwiesen.«[63] Am folgenden Tag fügte Dominique Lawson in der *Financial Times* hinzu: »Benetton sollte gewürdigt werden, weil das Unternehmen eine der wenigen Anzeigen geschaffen hat, die nicht nur Kunstgriffe der Profis oder kinematografische Wunschbilder sind.«[64]

In Frankreich waren die Reaktionen scharf. Während die *Libération* sich auf reine Berichterstattung beschränkte und lediglich die von Luciano Benetton auf verschiedenen Pressekonferenzen abgegebenen Erklärungen sowie Äußerungen der Eltern des auf dem Plakat Dargestellten veröffentlichte[65], formulierte Pierre Guislaine in der Februarbeilage von *Le Monde* harte Kritik: »Vor allem die Medien haben, selbst wenn sie kritisch waren, der Sache Benettons gedient, weil sie mit ihren zahlreichen Artikeln Gratiswerbung machten.«[66] Ferner hieß

ES IST ZWEIFELHAFT, DASS DER ANKLAGE, DIE TRAGÖDIEN ANDERER ZUM ZWECKE DES PROFITS ZU MISSBRAUCHEN, EIN TIEFERES GEFÜHL ZUGRUNDE LIEGT ALS EINE VERDAMMUNG DER AIDSKRANKEN.

es, Benetton habe sich »damit, dass das Unternehmen den Zorn der katholischen Kirche und äußerst selten angewandte Zensurmaßnahmen provozierte, in die Rolle des Opfers und Märtyrers der öffentlichen Moral gerückt und als Gegenreaktion einen Identifikationsprozess in Gang gesetzt, dessen Folgen kaum abzusehen sind«[67]. Der Artikel versäumte auch nicht, die Unternehmenswerbung politisch zuzuordnen: Sie verfolge »genau die Strategie, die die extreme Rechte seit Jahren anwendet«[68].

Die über 600 in den USA zu dem Thema erschienenen Artikel bemühten sich wie die *Libération* größtenteils um neutrale Berichterstattung. Sie gaben unterschiedliche Meinungen wieder und vermieden es so, selbst Stellung zu beziehen.

The New Yorker Observer vom 10. Februar beispielsweise zitierte den Sprecher von »Act up« mit der Aussage, der Tod werde »zum Verkauf von Pullovern instrumentalisiert«[69]; ebenso ließ er Donald Suggs von der »Gay and Lesbian Alliance against Defamation« zu Wort kommen, dem »die Zweideutigkeit des Bildes« gefiel, »das den Dargestellten nicht unbedingt als homosexuell abstempelt, sondern die Aufmerksamkeit allein auf Aids konzentriert«[70].

Auch in den USA wagten natürlich einige Berichte, sich zustimmend zu äußern, doch die meisten davon, wie beispielsweise Spike Lee in der Novembernummer des *Rolling Stone*, argumentierten verkürzt und oberflächlich: »Ich hatte keine Ahnung, dass Benetton Kleider verkauft. Dennoch hat es mich ergriffen. Ist es nicht das, was eine gute Werbung tun muss?«[71]

In Italien begann der Angriff auf Toscani mit einem Artikel von Miriam Mafai in *La Repubblica*. Die bekannte Journalistin und Politikerin schrieb, die Werbung beweise »schlechtesten Geschmack«[72] und nutze die Tragödie »auf absolut emotionale und kostenlose Weise«[73] aus.

Erstaunlich ist, dass Marzio Tremaglia in *Il Secolo d'Italia*, einer Zeitung, die das andere Ende des politischen Spektrums vertritt, die gleiche Meinung äußerte. Seinen Worten nach war es »ein positives Signal, dass wenigstens einige (entrüstete) Reaktionen hervorgerufen wurden und die Menschen angesichts einer so schamlosen Ausbeutung der Gefühle und tiefsten Empfindungen eines Menschen, die offenbar benutzt wurden, um einige Pullover mehr zu verkaufen, nicht unempfindlich geblieben sind«[74].

Auch Andrea Barbato von *L'Espresso* verurteilte das Plakat, das seiner Ansicht nach die Krankheit lediglich in »spektakulärer, manieristischer und malerischer«[75] Weise darstellte. Im selben Blatt äußerte sich Gianni Vattimo noch schärfer: »Ich habe die stärksten Zweifel, dass die Darstellung des Zustandes von Aidskranken in irgendeiner Weise dazu beitragen könnte, die Schäden dieser Krankheit zu begrenzen.«[76]

Für die Werbekampagne trat Franco Grillini von *L'Unità* ein. Ihm erschien der »auf dem großen Poster dargestellte Tod wirksamer als alle bisher von öffentlichen und privaten Institutionen durchgeführten Kampagnen«[77]. Ebenfalls positiv vermerkte Luigi Maconi von *La Stampa* die »Dimension der Heiligkeit [...], die auf den ›guten Tod‹ der katholischen Tradition verweist«[78]. Noch erbauter äußerte man sich aus den Reihen der Kultur – so vertrat Sandra Petrignani in *L'Indipendente* die Meinung, »dass die Bilder Toscanis in die Welt der Kunst gehören. Der übertriebene Skandal hat das bestätigt.«[79]

In diesem Klima der weltweiten Mobilmachung, in dem sich vom Intellektuellen bis zum Durchschnittsbürger jeder berufen fühlte, seine Meinung vorzubringen, wirkte die Zensur der »Gran Giurì della pubblicità« geradezu lächerlich. Sie verbat eine Fotografie, die jeder gesehen hatte und über die alle sprachen.

66. Fotoattualità,
Konzeption von
Oliviero Toscani,
Benetton,
Frühjahr/Sommer 1992

ANMERKUNGEN

38. A. Semprini, a. a. O., S. 41
39. Ebenda
40. O. Toscani, »Cari nemici, cari amici«, in: *Cosa c'entra l'aids con i maglioni?*, Mailand 1993, S. 11
41. Ebenda
42. Ebenda
43. Ebenda, S. 12
44. Ebenda, S. 11
45. Ebenda, S. 11 f.
46. Ebenda, S. 13
47. O. Wilde, *Das Bildnis des Dorian Gray*, München 1961/1990, S. 7
48. O. Toscani, *Ciao mamma*, a. a. O., S. 47
49. R. Rosenblum, *Warhol come storia dell'arte*, in: *Andy Warhol*, a. a. O., S. 36
50. K. McShine, in: *Andy Warhol*, a. a. O., S. 17
51. Ebenda
52. O. Toscani, *Ciao mamma*, a. a. O., S. 59
53. Ebenda
54. Ebenda, S. 53
55. Ebenda, S. 54
56. Ebenda
57. Ebenda
58. S. Sontag, *Aids und seine Metaphern* (1988), München 1997, S. 37
59. O. Toscani, *Ciao mamma*, a. a. O., S. 54
60. S. Sontag, ebenda, S. 28
61. Ebenda, S. 69
62. Ebenda
63. »Gibt es keine schlechte Werbung?«, in: *The Guardian*, 24. Januar 1992
64. D. Lawson, »Aids kann Zeitungen verkaufen, keine Kleidung«, in: *Financial Times*, 25. Januar 1992
65. Benetton, »Die Polemik schlägt zurück«, in: *Libération*, 16. Februar 1992
66. P. Guislaine, »Das Lächeln der Gorgo«, in: *Le Monde diplomatique*, Februar 1992
67. Ebenda
68. Ebenda
69. »Benettons umstrittene Werbung«, in: *The New Yorker Observer*, 10. Februar 1992
70. Ebenda
71. S. Lee, »Das denke ich«, in: *Rolling Stone*, November 1992
72. M. Mafai, in: *La Repubblica*, 26. Januar 1992
73. Ebenda
74. M. Tremaglia, »Dalla pubblicità di Benetton alla demagogia sul razzismo«, in: *Secolo d'Italia*, 30. Januar 1992
75. A. Barbato, »Visionario ma astuto«, in: *L'Espresso*, 9. Februar 1992
76. G. Vattimo, »Aids lo spettacolo non serve«, in: *L'Espresso*, 23. Februar 1992
77. F. Grillini, »Benetton si serve dell'Aids. Fa bene«, in: *l'Unità*, 25. Januar 1992
78. L. Manconi, »Un senso religioso«, in: *La Stampa*, 10. Februar 1992
79. S. Petrignani, »Ma perché tanto scandalo per la pubblicità Benetton?«, in: *L'Indipendente*, 30. Januar 1992

UNITED COLORS
OF BENETTON.

12

67. Patrick Robert,
Sygma, Konzeption von
Oliviero Toscani,
Benetton,
Frühjahr/Sommer 1992

68. Franco Zecchin,
Magnum,
Konzeption von
Oliviero Toscani,
Benetton,
Frühjahr/Sommer 1992

69. Yves Gellie,
Odyssey images,
Konzeption von
Oliviero Toscani,
Benetton,
Herbst/Winter 1992

70. Simona Cali Cocuzza,
Black Star,
Konzeption von
Oliviero Toscani,
Benetton,
Herbst/Winter 1992

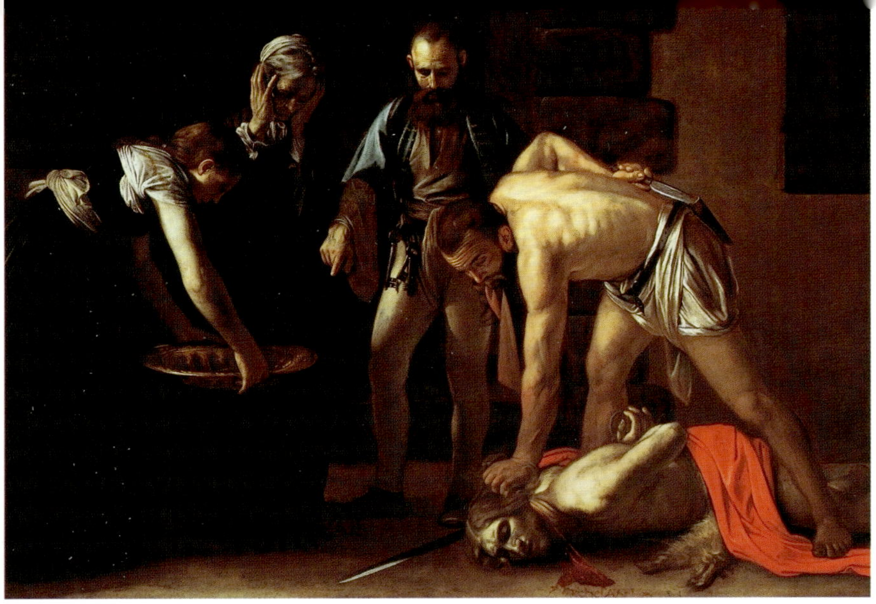

71. Caravaggio, *Enthauptung Johannes des Täufers*, 1608, La Valletta (Malta), Cathedral S. John, Oratorio di San Giovanni Battista

72. Hans-Jürgen Burkard, Stern, Zeitschriftkonzeption von Oliviero Toscani, *Benetton*, Herbst/Winter 1992

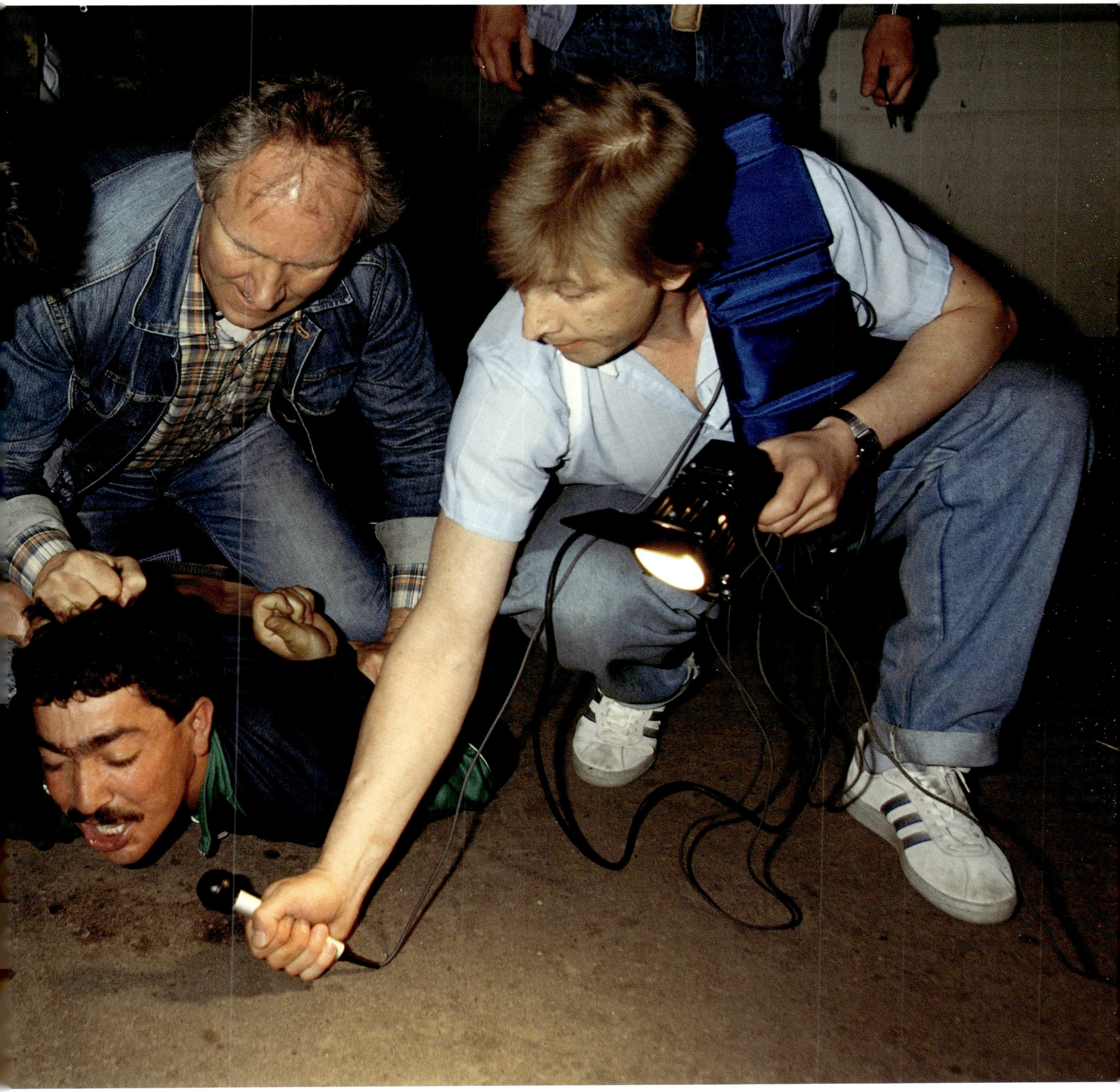

73. Patrick Robert,
Sygma,
Konzeption von
Oliviero Toscani,
Benetton,
Frühjahr/Sommer 1992

74. J. P. Laffont,
Sygma,
Konzeption von
Oliviero Toscani,
Benetton,
Herbst/Winter 1992

75. Steve McCurry,
Magnum,
Konzeption von
Oliviero Toscani,
Benetton,
Frühjahr/Sommer 1992

UNITED COLORS
OF BENETTON.

76. Steve McCurry,
Magnum,
Konzeption von
Oliviero Toscani,
Benetton,
Herbst/Winter 1992

77. Gustavo Gilabert,
JB Pictures,
Konzeption von
Oliviero Toscani,
Benetton,
Herbst/Winter 1992

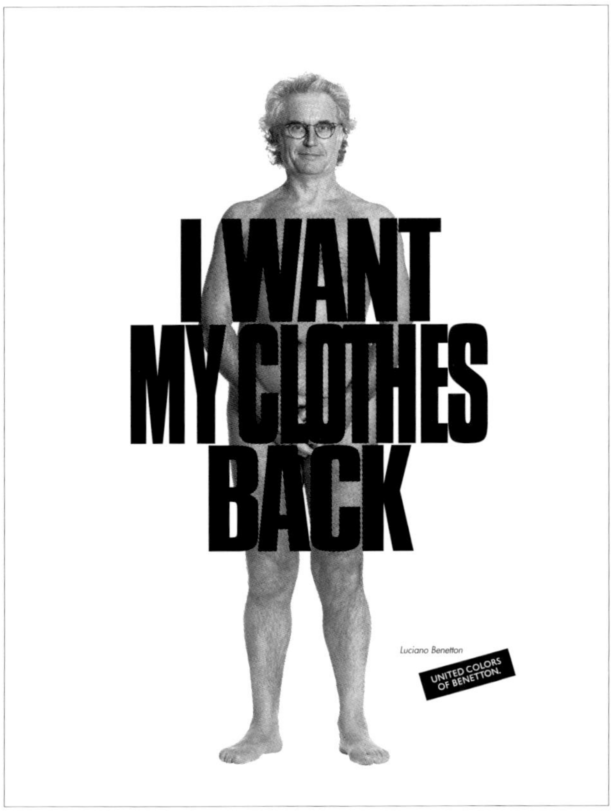

DIE NACKTEN

Im Wespennest der im Jahr zuvor entfachten Polemiken sah Toscani sich zu einer Antwort genötigt. Er griff nicht in Versammlungen, Pressekonferenzen und Fernsehauftritten in die Debatten ein, sondern benutzte vor allem die ihm eigene Sprache der Bilder, die noch einmal provokanter wurde – sofern das überhaupt möglich war.
Der Sterilität der vielen kritischen, doch oft auch banalen Diskussionen begegnete er mit konstruktiven Aktionen. In dieser Hinsicht ist das erste Bild der Kampagne von Frühjahr/Sommer 1993 (Abb. 78) noch viel zu »philologisch«. Der Fotograf schritt daraufhin zur Tat.
Auf die Anschuldigung, die Tragödien anderer zu benutzen, um den Absatz der Marke Benetton zu steigern, reagierte er mit einer humanitären Aktion. Er gründete das *Clothing Redistribution Project*, wobei er die Gemeinnützigkeit des Projekts durch die Zusammenarbeit mit der Schweizer Caritas, dem Roten Kreuz und dem Roten Halbmond unterstrich. Bei der Aktion handelte es sich um das internationale Vorhaben, gebrauchte Kleidungsstücke zu sammeln und in der Dritten Welt zu verteilen. Das Ergebnis der Initiative bestand in über 460 000 Kilogramm Kleidung.
Die Ankündigung der Initiative war nicht zuletzt deshalb so Aufsehen erregend, weil eine Person wie Luciano Benetton – als Chef des Bekleidungshauses und Senator der Republik – den Mut beziehungsweise die Unverfrorenheit besaß, nackt Modell zu stehen.
Die Klarheit des nun wieder weißen Hintergrunds und die Strenge der Schwarzweiß-Aufnahme verleihen der Bildkomposition eine asketische Wirkung. Der Firmenchef ist frontal aufgenommen. Die Beine hat er leicht auseinander gestellt, mit den Füßen steht er fest auf einem hypothetischen Boden. Sein entschiedener Blick ist direkt auf das Objektiv und den Betrachter gerichtet. Seine Nacktheit wird nur teilweise verdeckt von seinen eigenen Worten, mit denen er das Publikum auffordert: »Gebt mir meine Kleider zurück.« Auf einem zweiten Plakat ist zu lesen: »Leert eure Schränke.«
Ein zusätzlicher Text erklärt die Modalitäten des Projekts: In den 5500 auf der Welt verstreuten Benetton-Geschäften soll alte Kleidung beliebiger Marken abgegeben werden, um Bedürftigen zu helfen. Das Unternehmen selbst unterstützte den caritativen Zweck der Aktion, indem überschüssige Kleidung ausgesondert und beigesteuert wurde.
Über die Sensation hinaus, die die Nacktheit des provokant zur Wohltätigkeit aufrufenden Firmenchefs darstellte, bedeutete die Plakataktion mit ihrer »Einführung eines interaktiven Prozesses [...], der Abschaffung der Farbe zugunsten von Schwarzweiß und der Suche nach einer Bestätigung von außen«[80] eine Neuerung gegenüber den vorangegangenen Werbekampagnen.
Der Bruch mit der Vergangenheit hätte nicht deutlicher zutage treten können. Nie zuvor hatte sich das Unternehmen so gebieterisch, fast brutal, an das Publikum gewandt; statt dem Bild wurde dem Wort die Vermittlung der Botschaft anvertraut, die darüber hinaus vom Unternehmensleiter persönlich verkündet wurde.
Im Verzicht auf die Farbe zugunsten von Schwarzweiß (das Plakat wurde, um eine differenziertere Wirkung zu erzielen, nach dem Prinzip des Vierfarbendrucks in Halbtönen gedruckt) lässt sich der Wille zu Strenge, Schlichtheit und Reinheit erkennen, der sich auf das Notwendige beschränkt.
Im Hinblick auf den nicht von der Hand zu weisenden Werbeeffekt der Initiative ließ die Kritik jedoch nicht lange auf sich warten. So wurde der Vorwurf laut, die Zusammenarbeit mit der Caritas und dem Roten Kreuz – den mit ihrem Logo auf dem Plakat figurierenden Mitveranstaltern – diente nicht so sehr dazu, den Erfolg der Aktion zu sichern als

78. Oliviero Toscani, *Redistribution project*, Frühjahr/Sommer 1993

diese vielmehr moralisch zu rechtfertigen und der Anschuldigung des Zynismus zu begegnen, die unweigerlich gegen die Firma und ihren Fotografen erhoben werden würde. Wer hätte es hingegen gewagt, eine solche Anschuldigung gegen eine humanitäre Organisation zu richten?
Indes erscheint die Nacktheit Luciano Benettons als gleichbedeutend mit der Transparenz der Ziele des von ihm geleiteten Unternehmens. Durchaus sollte man die ungewöhnliche Haltung eines Kleidungsfabrikanten würdigen, der, statt Werbung für sein Unternehmen zu machen, seine Kunden bittet, ihre getragene Kleidung zu wohltätigen Zwecken abzugeben, und dabei großzügigerweise auch die Erzeugnisse der Konkurrenz mit einschließt. Die Aktion beinhaltete aber noch weitere Paradoxa: Vom Käufer wurde nicht verlangt zu kaufen, sondern das wieder zu verwenden, was er bereits besaß, und zwar zugunsten Dritter. Vom Kleiderproduzenten, der sich ohne Kleider fotografieren ließ, bis zur Verwandlung eines extravaganten Modeartikels in ein Kleidungsstück, das einen notwendigen Bedarf deckt, zeichnete sich eine neue Wirtschaftspolitik ab.
Von der Frankfurter Schule bis zu Baudrillard hat man viele Worte gemacht, um die entfremdenden Aspekte des Konsums darzutun. Der dem Kaufzwang unterworfene Mensch der Masse wurde als eine Art gedankenlos funktionierender Automat eingestuft, sein Verhalten als egoistisch und antisozial abgestempelt.
Für das kapitalistische Denken hingegen war der Konsum gleichsam die Krone der Wirtschaft. Es wurde nie müde, auf die Bedeutung des Wohlstands und die Möglichkeit der Selbstverwirklichung hinzuweisen, die das Individuum im Akt des Kaufes erführe.
Im Angesicht dieser beiden widerstreitenden Positionen trat Toscani auf den Plan. Er löste die Unvereinbarkeit des Gegensatzes auf und entwarf eine Theorie des positiven, gesellschaftlich nützlichen Konsums: übermäßig kaufen, um dann den Armen den akkumulierten Überschuss geben zu können.
Genau diese Idee brachte auch Semprini zum Ausdruck, der im Zusammenhang mit der Aktion schrieb: »Die wahrhaft universale Geste ist, ein Kleidungsstück zu kaufen, um es anderen geben zu können. Heute besteht die wahrhaft humanitäre Tat darin zu *konsumieren*. Der Konsum ist eine moralische und politische Tat, weil er erlaubt, anderen zu helfen.«[81]
Die Nacktheit entwickelte sich zum Leitmotiv der gesamten Werbekampagne des Jahres 1993. Nachdem Luciano Benetton noch in ganzer Gestalt auf dem Foto erschienen war, richtete sich nun die Aufmerksamkeit des Fotografen auf die Zerlegung des menschlichen Körpers in anatomische Details. Die Plakate zeigten männliche und weibliche Geschlechtsteile (Abb. 79, 83), ein Gesäß (Abb. 82) oder auch eine nackte Brust (Abb. 81).
Seine Methode der Provokation behielt Toscani mit dem heiklen Thema der Nacktheit – soweit dieses heute noch als solches gelten kann – bei. Gleichzeitig aber bediente er sich mit der Enthüllung des menschlichen Körpers der Nacktheit, wie Semprini bemerkte, auch »als starker Metapher der Wahrheit«[82].

TOSCANI AUF DER BIENNALE VON VENEDIG

Mit einer Gigantografie des zweiten Werbeplakats vom Frühjahr/Sommer 1993 (Abb. 79) nahm Toscani an der Biennale von Vendig teil. In der Abteilung »Aperto« in den Corderie dell'Arsenale bedeckte er die Wand eines ganzen Raumes mit der abwechselnden Darstellung von männlichen und weiblichen Geschlechtsorganen.

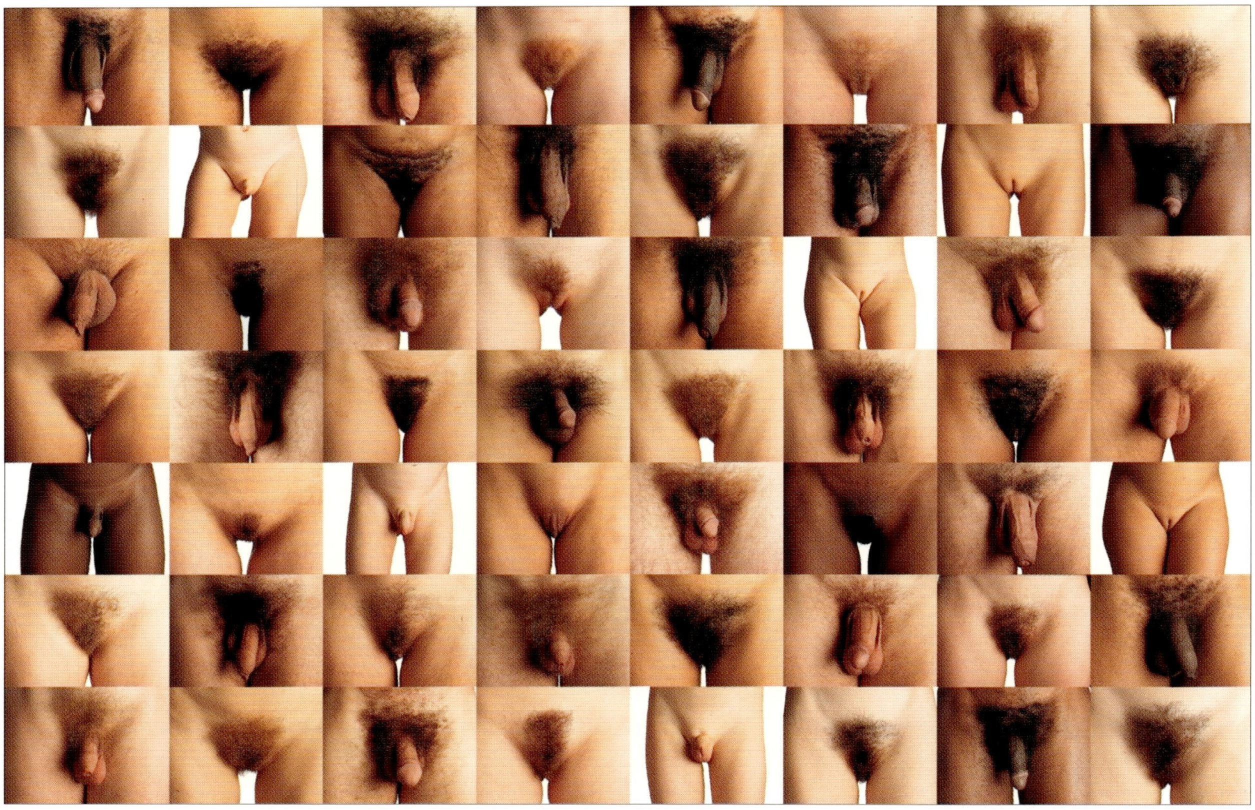

Die Einladung zur Biennale verschaffte Toscani automatisch den Rang eines Künstlers. Seine Fotografien wurden nicht länger nur auf der Straße, sondern nunmehr gar in dem begehrten Tempel der ästhetischen Gegenwart gezeigt. Im Übrigen stand Toscanis Präsenz im Einklang mit dem Geist der Veranstaltung, die der Kurator Achille Bonito Oliva um Begriffe wie Grenzgänge, Verschiebungen und Übertragungen konzipiert hatte.

In diesem Zusammenhang wurden Toscanis Plakatschöpfungen nicht nur als Kunst anerkannt, sondern der Kurator hatte sich – wie der Katalog erklärt – auch aus dem Grunde entschlossen, gerade Toscani einzuladen, weil er in ihm den Begründer einer Methode sah, »die das konzentrische Feld des Bildes auflöst, um es für die Komplexität und für äußere Referenten zu öffnen, wodurch es in die Lage versetzt wird, über die Welt zu informieren«[83]. Er würdigte Toscanis Werk als »Neo-Werbung«[84], die »den Überflug vermeidet«[85] und sich an die »Zeugnisse des Lebens« hält, »wo die Bilder des Hungers und des Todes mit denen des Überflusses und der Mode eine rasante Verbindung eingehen«[86].

Diese Argumentation erkannte ein für alle Mal die kulturelle Tragweite von Toscanis Werk. Dabei würdigte sie den Schöpfer der Plakate nicht *trotz* seiner Rolle als Werbefotograf, sondern gerade wegen der innovativen Art und Weise seiner Berufsausübung.

Die Fotomontage in den Corderie selbst war eine ambivalente Angelegenheit. Wie schon früher vereinte sie einen heiklen Inhalt – in diesem Fall eine Collage von Geschlechtsteilen – mit einer sterilen, wertfreien Darstellungsform.

Die Reduktion des Bildausschnitts auf das anatomische Detail hat nichts Erotisches. Im Gegensatz etwa zu einer Darstellung wie dem 1866 entstandenen Gemälde *Der Ursprung der Welt* von Courbet (Abb. 80), das einen ähnlichen Gegenstand hat (und das, nach anhaltender Zensur, erstmals 1995 – also zwei Jahre nach Toscanis Beteiligung an der Biennale – im Musée d'Orsay ausgestellt wurde!), vermittelt Toscanis Fotomontage eher die Kälte einer Krankenhausaufnahme.

Auf die Bedeutung der obsessiven Wiederholung der – Lehrbüchern der Gynäkologie entnommenen – Bildausschnitte angesprochen, erklärte der Fotograf, dass er, »gleichsam in der Art von Passfotos, das Element wiedergeben wollte, anhand dessen wir nicht identifiziert werden können. Anhand des Gesichts können wir erkannt und sogar gesellschaftlich eingeordnet werden. Anhand des Geschlechtsteils nicht.«[87]

Diese Feststellung erscheint zweifelsohne plausibel, aber auch provokant. In der Tat untergrub Toscani, indem er die sexuelle Austauschbarkeit der Individuen verkündete, von Grunde auf den Anspruch der überheblichen menschlichen Psychologie auf Einmaligkeit im Bereich der Erotik.

Auf ausdrückliche Bitte Toscanis an Achille Bonito Oliva sollte das in Venedig ausgestellte Bild »behandelt werden wie ein normales Werbefoto«[88]. Dem Fotografen zufolge »hätte es keinen Sinn, in einer Galerie oder in einem Museum auszustellen, wenn das, was an diesen verschlossenen Orten zu sehen sei, lediglich Repräsentant der Kunst sei und nicht gleichzeitig auch in Zeitungen, Straßen oder auf Plätzen zu sehen wäre«[89].

Der Kurator kam dem Vorschlag sofort nach. Die Ausdehnung des Ausstellungsraums über die eigentlichen Orte der Biennale hinaus kam seinen eigenen Vorstellungen von einer Erweiterung des Maßstabs entgegen. Zudem bot sich dem Betrachter so die Möglichkeit, die Ausstellung jederzeit und überall zu sehen; auf diese Weise musste er sich nicht den Öffnungszeiten und der ausstellenden Institution unterwerfen.

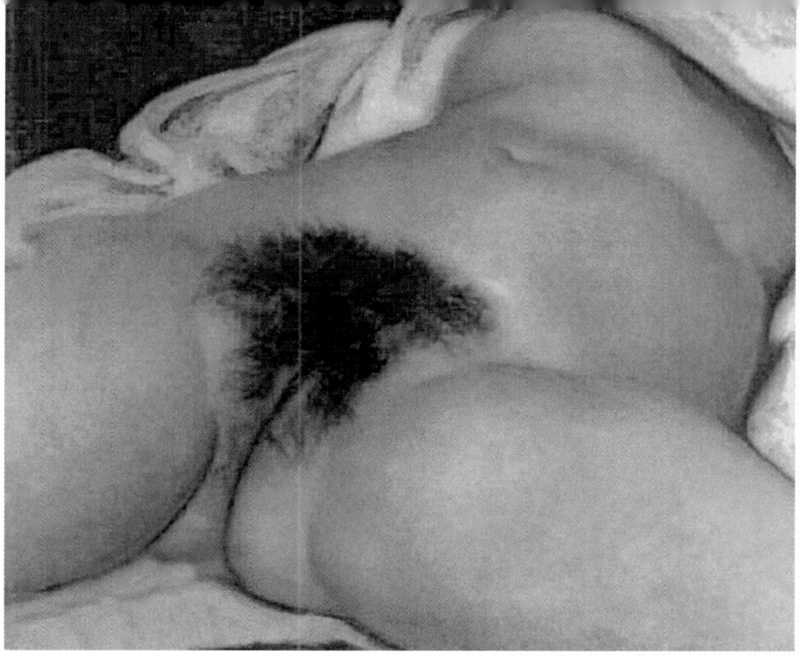

79. Oliviero Toscani, *Benetton*, Frühjahr/Sommer 1993

80. Gustave Courbet, *Der Ursprung der Welt*, 1866, Paris, Musée d'Orsay

In der Presse fand Toscanis Vorhaben eine weit weniger positive Aufnahme.
International war nur eine einzige Zeitung bereit, die Anzeige zu veröffentlichen – die *Libération*. Das Bild erschien dort am 9. Juni 1993, dem Tag der Eröffnung der Biennale, auf einer Doppelseite – und setzte sofort den üblichen Mechanismus von Protest und Zensur in Gang. Die *Libération* verzeichnete an diesem Tag einen Verkaufsrekord. Weniger einig war sich die Kunstwelt hinsichtlich der Verdammung des Bildes.
Robert Hughes, der einflussreiche Kunstkritiker des *Time Magazine*, widmete dem Fotografen in seiner Reportage über die Biennale immerhin 16 Zeilen.[90] In Italien hingegen hatten die Journalisten – die anlässlich des 100. Jubiläums der Biennale ihr Augenmerk vor allem auf die Internationalität der Veranstaltung richteten – für die 400 Quadratmeter große Installation Toscanis nur einige Randbemerkungen übrig.
Einzig und allein Philippe Daverio machte hier eine Ausnahme – er veröffentlichte am 27. Juni 1993 in *Panorama* einen vernichtenden Artikel. Darin schrieb er, »die spannende Aktion von Oliviero Toscani, banal in ihrer Werbeversion auf Druckpapier«[91], wirke lediglich »beeindruckend in ihrem Riesenformat von acht Metern auf zwanzig Meter«[92]. Da er fürchtete, dass der »von der Szene gefeierte« Fotograf sich nun »als großer Künstler fühle«[93], bezichtigte er ihn schlichtweg des Plagiats: »Die Idee wurde schon von einem anderen verwirklicht; sie ist im Padiglione Italia dokumentiert, wo man eine im Jahr 1978 von Gianfranco Gorgoni zusammengestellte Reihe weiblicher Vulven sieht.«[94]
Lässt sich auf den ersten Blick auf Grund der Ähnlichkeit des Gegenstands tatsächlich eine Verbindung von Toscani zu Gorgoni herstellen (Gorgoni wurde 1941 in Rom geboren und lebt in Mailand, New York und Kuba), so beschränkt sich diese doch lediglich auf das von beiden eingesetzte Mittel der Aneinanderreihung von Bildfragmenten. Bei Gorgoni dient diese Serialität – wie Vittorio Rubiu im Katalog der Biennale ausführt – dazu, »das Ganze methodisch zu rekonstruieren; wie ein Wachstumsprozess, der vom Embryo der Idee zum fertigen Werk führt«[95]. Toscani hingegen scheint bei der Zerlegung des Ganzen in Felder den chaotischen Valenzen der Serialität (Pop und Werbung) und der Vervielfachung unendlich viele Konnotationen zu verleihen, und zwar in einem Prozess, der bewusst darauf verzichtet, zu einer abschließenden begrifflichen Klarheit zu gelangen.
Toscani ist ein Mann des Zweifels, und seine Aktionen, die dem Betrachter immer mindestens zwei gegensätzliche Möglichkeiten der Interpretation lassen, zielen darauf ab, auch das Denken zu aktivieren. Er bevorzugt das Unvollendete und das Chaos, Gorgoni hingegen bemüht sich um eine feste Ordnung, die auf einen einzigen klaren Gedanken verweist.

TOSCANI UND SERRANO

Die Arbeit Oliviero Toscanis ist eher mit dem Werk des 1950 in New York geborenen Künstlers Andres Serrano vergleichbar. Beide beschäftigten sich immer wieder mit der Vergrößerung anatomischer Details. Neben der in den Corderie ausgestellten Fotomontage bezog sich Toscani auch in weiteren Arbeiten auf diese Darstellungsform, so in den noch genauer zu betrachtenden Plakaten, die Körperausschnitte mit der Tätowierung »H.I.V. POSITIVE« zeigen, oder in den bereits in den Jahren 1989/90 realisierten Darstellungen von Händen.
Serranos Zyklen »The Morgue« (1992) und »A History of Sex« (1995/96) zeigen ähnliche, aber noch weitaus verstörendere Bildausschnitte, die auch Details des menschlichen Körpers umfassen, so beispielsweise

TOSCANI TUT NICHTS ANDERES, ALS DEN UNSICHTBAREN STEMPEL DER DISKRIMINIERUNG SICHTBAR ZU MACHEN.

eine schlimm zugerichtete Frauenhand in *The Morgue (Knifed to Death)* von 1992 oder einen angeschwollenen Fuß mit einer violett klaffenden Wunde in *The Morgue (Rat Poison Suicide)* desselben Jahres. Die 21 Cibachrome des Zyklus »A History of Sex« zeigen riesige Phalli, offen zur Schau gestellte Vulven oder die nackt dem Blick des Betrachters ausgesetzten Körper von Transsexuellen.

Auch Toscani präsentierte in der Werbekampagne vom Herbst/Winter 1995 eine – allerdings vergleichsweise engelhafte – Gestalt eines Hermaphroditen. Es ist jedoch offensichtlich, dass es dem Werbefotografen dabei nicht um die Grausamkeit der Darstellung ging, auf die Serrano aus war. Fotos, die in so krasser Weise wie bei dem New Yorker Künstler Abscheu und Ekel hervorrufen, finden sich bei Toscani nicht. Die Bilder Serranos entstammen durchweg makabren Reportagen über Leichenschauhäuser oder Streifzügen durch die Welt der Pornographie, in der Sadomasochismus, Sodomie und andere Praktiken angeboten werden.

Wie grob, unangenehm und anfechtbar die Plakate Toscanis auch sein mochten – sie überschritten doch, obwohl sie sich mit den gleichen heiklen Themen wie Tod und Sexualität auseinander setzten und von denselben sozialkritischen Zielen getragen wurden, nie eine gewisse Grenze. Die Anstößigkeit der Darstellungen Toscanis liegt eher in der kalten und sterilen Erscheinungsform der Inhalte, deren Wirkung so zu gleicher Zeit abgeschwächt wie auch verstärkt wird. Serrano hingegen scheint, wie Daniela Lancioni[96] schreibt, in schamlosem, monumentalem Maßstab die Erweiterung der Ikonen der Grenzüberschreitung zu betreiben.

Als Gemeinsamkeit allerdings erscheint wiederum die Tatsache, dass sowohl Toscani als auch Serrano sich in einer gewissen Periode ihres Schaffens in ihren Darstellungen starker »barocker« Komponenten bedienten: Sie zeigten Figuren mit theatralisch nach oben gerichtetem Blick, Märtyrer- oder Pietà-Szenen und machten ausgiebig Gebrauch von kräftigen Hell-Dunkel-Kontrasten und einem caravaggiesken Licht. Diese Zitate haben jedoch im Werk der beiden Künstler eine jeweils unterschiedliche Funktion: Serrano dienten sie zur Steigerung der ästhetischen Wirkung; Toscani setzte sie ein, um das Publikum emotional anzusprechen.

Wie dem auch sei – es besteht kein Zweifel, dass beide »parallele Wege beschritten, das Nichtdarstellbare darstellten und das Undenkbare denkbar machten«[97], so dass – wie Serrano selbst schrieb – »von diesem Blickwinkel aus gesehen sicher eine wechselseitige Beziehung besteht«[98].

Serrano distanzierte sich dann allerdings von Toscani, weil er dessen auf der Biennale gezeigte Installation »merkwürdig«[99] fand. Seiner Ansicht nach gelangten die Bilder des Werbefotografen nur dann zur Wirkung, »wenn sie sich an ein volkstümliches Publikum richten. In einer Galerie oder in einem Museum haben sie nicht die gleiche Wirkung.«[100] Weiter behauptete er: »Meine Arbeit geht exakt in die entgegengesetzte Richtung, weil ich danach strebe, sein Publikum in meine Ausstellungen zu bringen, und er vermutlich danach strebt, mein Publikum dazu zu bringen, auf seine Fotos zu reagieren.«[101]

In diesem Fall also erschiene nur Serrano als der tatsächliche Künstler, da er fähig ist, den Konsumenten, an den sich Toscani wendet, in einen ästhetischen Betrachter zu verwandeln. Umgekehrt heißt dies, dass erst die Reaktionen des Kunstpublikums Toscanis Werk in den Rang des Künstlerischen erhoben.

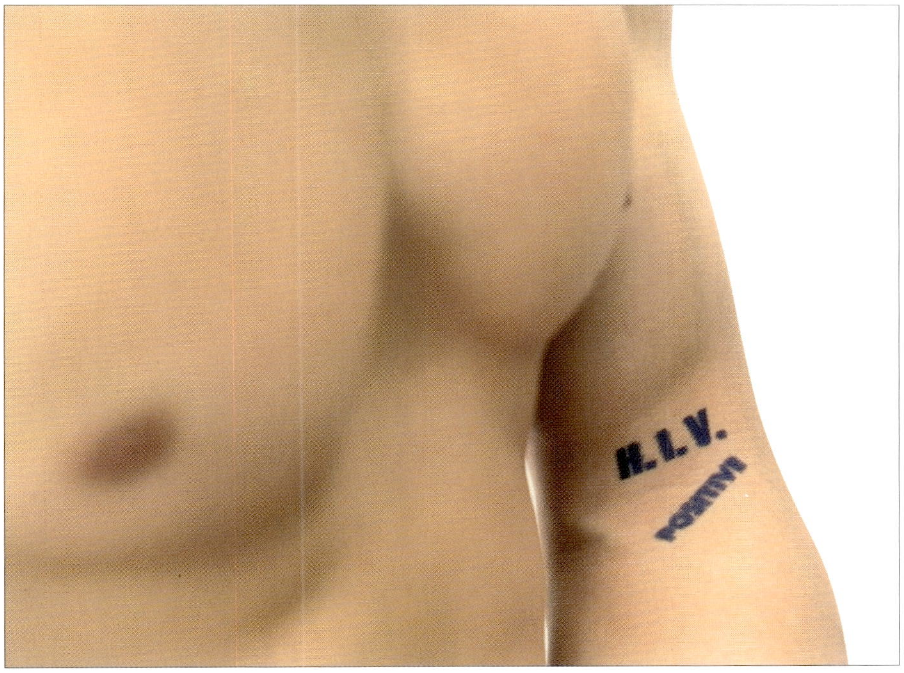

81. Oliviero Toscani,
Benetton,
Herbst/Winter 1993

DIE TÄTOWIERUNG »H.I.V. POSITIVE«

Mit der Werbekampagne von Herbst/Winter 1993 (Abb. 81–83) wandte sich Toscani wieder dem Thema Aids zu. Auf drei Fotografien sind, bildfüllend in Szene gesetzt, Großaufnahmen von Körperausschnitten – Brust und Arm eines Mannes, ein nacktes Gesäß, ein männlicher Schambereich – zu sehen, auf denen sich die Tätowierung »H.I.V. POSITIVE« befindet.

Wie bei der auf der Biennale gezeigten Fotomontage verhindert die übermäßige Größe der anatomischen Details auch hier jede Identifikationsmöglichkeit: Zu sehen sind Körperausschnitte, keine Individuen. Die Bedeutung der Bilder ist hier jedoch eine andere: In den Corderie dell'Arsenale wollte der Fotograf die Gleichheit und Austauschbarkeit der Lebewesen im Hinblick auf ihre Geschlechtlichkeit vor Augen führen; jetzt ging er noch weiter, indem er die Identitätslosigkeit der auf Körperausschnitte reduzierten Individuen als Metapher für den Prozess der öffentlichen Ausgrenzung erscheinen ließ, der die von der Immunschwächekrankheit Betroffenen über die eigentliche Infektion hinaus zugrunde zu richten vermag.

Die Tätowierung, die an den jeweiligen Körperstellen auf die Übertragungswege der Krankheit verweist, erinnert an den Stempel auf dem Fleisch von Tieren, ebenso an die Nummern, mit denen die Juden im Konzentrationslager gebrandmarkt wurden; sie symbolisiert auf diese Weise den Willen zu Vernichtung und Beseitigung, der die Patienten zum Tod verurteilt, ehe noch die Krankheit ihren verheerenden Lauf nimmt. Toscani tat im Grunde nichts anderes, als den unsichtbaren Stempel der Diskriminierung sichtbar zu machen, mit dem unsere mitleidslose Gesellschaft diese Menschen versieht.

Wieder also richtete sich der Fotograf mit seiner Aktion gegen ein von Vorurteilen bestimmtes Denken – und wie bei vielen der vorausgegangenen Werbekampagnen wurde schließlich auch hier scharfer Protest laut. So rief der Verweis auf die Tätowierungen der Nationalsozialisten die Verbände der ehemaligen Deportierten auf den Plan, welche die vereinfachende Vermischung der HIV-Problematik mit vollkommen anderen Themenbereichen kritisierten.[102]

Merkwürdigerweise kamen – während die Kritik in anderen Ländern vergleichsweise zurückhaltend blieb – die heftigsten Reaktionen gegen die Kampagne aus Frankreich. Dort geschah es, dass Streikposten aufzogen und Benetton-Geschäfte boykottierten. Die französische Agentur zum Kampf gegen Aids (»Agence française de lutte contre le Sida«) strengte einen Prozess gegen das Unternehmen an, welcher jedoch – wie Toscani mit Genugtuung feststellte – erfolglos blieb »inmitten der Solidarität der vielen Verbände Freiwilliger, die gegen Aids kämpfen, und der vielen HIV-Positiven, die sich der Wichtigkeit von Information zur Vorbeugung für die jungen Generationen bewusst sind«[103].

Doch auch bei den direkt Betroffenen stieß die Kampagne auf aktiven Widerstand. So griff der bereits schwer an Aids erkrankte Olivier Besnard-Rousseau für seinen Protest zum selben Mittel wie Toscani: zur Werbung. Er kaufte eine ganze Seite der *Libération* und ließ dort das Foto seines eingefallenen, von der Krankheit abgezehrten Gesichts veröffentlichen, auf dem, in denselben Lettern wie auf den Plakaten, der Schriftzug »H.I.V. POSITIVE« zu lesen war. Darunter fügte er, wie einen Slogan, die lapidaren Worte hinzu: »Pendant l'agonie, la vente continue.« (»Während des Todeskampfes geht der Verkauf weiter.«) Die Botschaft schloss mit der Nennung des Adressaten: »A l'intention de Luciano Benetton. De la part d'Olivier Besnard-Rousseau, malade du Sida, phase terminale.« (»Zu Ehren von Luciano Benetton. Im Auftrag von Olivier Besnard-Rousseau, einem Aidskranken im Endstadium.«)

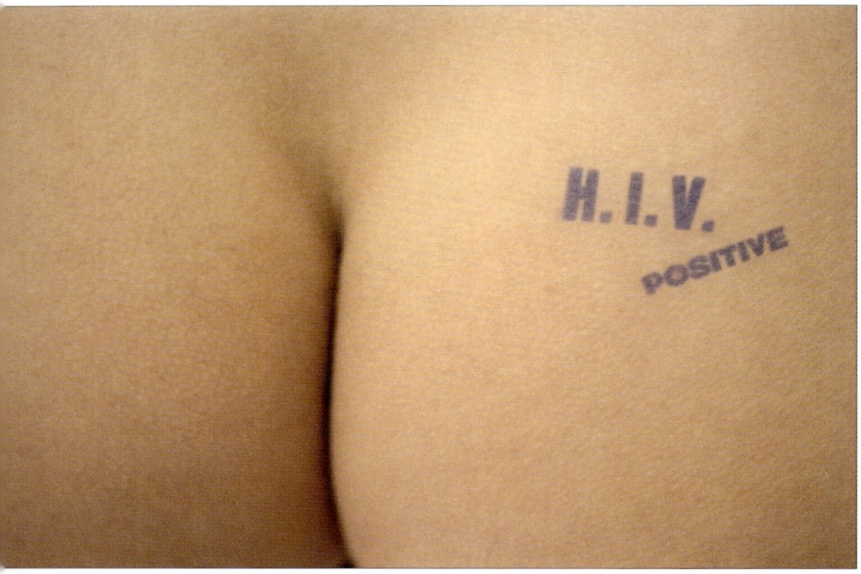

Das Wort *intention*, das statt des sonst üblichen *attention* verwendet wurde, verstärkt noch zusätzlich die Schärfe der Botschaft: Es betont den Kontrast zwischen der Tragik der Krankheit und der zynischen Vorgehensweise eines Unternehmens, das sich des Leidens Unglücklicher zur Gewinnmaximierung bedient.

DIE BLUTVERSCHMIERTE KLEIDUNG

Im Rahmen der Werbekampagne des Jahres 1994 präsentierte Toscani lediglich vier Fotografien. Schon das erste Bild, auf dem eine blutverschmierte Militäruniform zu sehen war (Abb. 84), erregte, wie aus den unmittelbar darauf folgenden Diskussionen und Polemiken ersichtlich wurde, großes Aufsehen. Die übrigen Fotografien der Kampagne – ein Zwillingspärchen (Abb. 85), zwei Fußbälle in einem Präservativ (Abb. 86) und eine sich aus lauter einzelnen Passfotos zusammensetzende Menschenmasse, innerhalb derer durch die farbliche Abweichung einer Anzahl von Fotos groß die Buchstaben »AIDS« lesbar werden (Abb. 87) – halten in qualitativer und werbetechnischer Hinsicht dem Vergleich mit dem vorhergehenden Plakat nicht stand und blieben fast unbemerkt.

Für das erste Plakat positionierte Toscani auf einem weißen Untergrund in horizontaler Anordnung eine Militärhose und ein mit Blut getränktes T-Shirt. Die Kleidungsstücke werden am oberen Rand des Bildes von einer langen maschinengeschriebenen Legende in einer zunächst unbekannten Sprache kommentiert. Es stellt sich heraus, dass diese Legende Serbokroatisch ist und besagt, dass die Uniform einem jungen bosnischen Soldaten mit dem Namen Marinko Gagro gehört hat, dessen Vater nun seine Zustimmung dazu gibt, »den Namen und das, was von seinem Sohn übrig ist, für den Frieden und gegen den Krieg«[104] zu verwenden.

Die Wirkung, die von dem Plakat ausging, war sehr heftig – der Gedanke an geronnenes Blut und an den Leichnam des gefallenen Jungen verfolgte den Betrachter von den Plakatwänden herab. Die Großaufnahme der blutigen Uniform fasste die ganze Teilnahmslosigkeit und Ohnmacht des westlichen Konsumenten zusammen, der mit einem schuldbewussten Frösteln die Erinnerung daran aufsteigen fühlte, dass kaum einige hundert Kilometer von der eigenen Grenze entfernt geschossen und gestorben wurde, in einem Krieg, der sinnlos wie alle Kriege erschien.

Toscani schilderte seine Rührung und Bestürzung angesichts der aus dem Krieg übrig gebliebenen Kleidungsstücke in einem Brief, den er an die »Oslobodenje«, die freie Tageszeitung in Sarajevo, sandte und der dort am 25. Februar 1994 veröffentlicht wurde. Darin schrieb er: »Sie kamen mit der Post an, in einem Karton. Als ich diesen mit meinen Mitarbeitern geöffnet hatte, war ich erschüttert.«[105] Toscani hatte die Hose und das T-Shirt vor sich, »die ein junger Mann getragen hatte, als er getötet wurde«[106]. Alle Einzelheiten – »der zerrissene Gürtel, das geronnene Blut, das Loch eines Projektils«[107] – gemahnten stumm daran, dass »in diesen Kleidern ein junger Mann gesteckt hatte, Marinko Gagro, der leben, sein Studium beenden, heiraten wollte«[108].

Die zerrissene und mit Blut besudelte Uniform erinnerte jedoch nicht nur an Marinko – sie wurde zum Symbol für viele andere jungen Männer, die die gleichen Wünsche und Erwartungen gehabt, das gleiche tragische Schicksal erlitten hatten. So wurde das Plakat durch seine weltweite Verbreitung gleichsam zu einem zeitgenössischen »Denkmal« – was sicher sehr viel wirksamer als viele Reden oder patriotische Gedenkstätten war, die bis dahin im feierlichen Geist der traditionellen Bildhauerkunst erbaut worden waren.

82. Oliviero Toscani,
Benetton,
Herbst/Winter 1993

83. Oliviero Toscani,
Benetton,
Herbst/Winter 1993

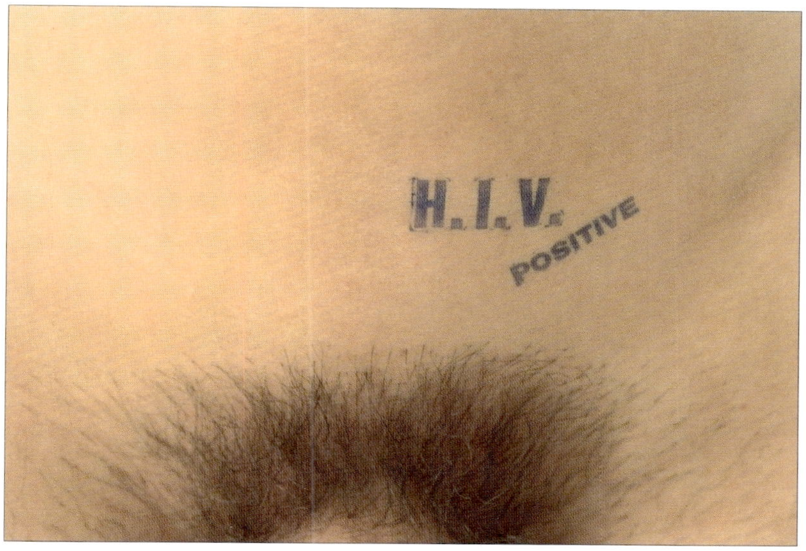

Der Übergang vom Individuellen zum Allgemeinen wird außerdem durch die Nichtidentifizierbarkeit der Uniform betont, die keinerlei Zugehörigkeit zu einer bestimmten Armee verrät. Wie Semprini in diesem Zusammenhang schrieb, »verweist die Hose auf eine Militärwelt im Allgemeinen, und das weiße T-Shirt ist ein universelles Kleidungsstück geworden, das von unzähligen Jungen auf der ganzen Welt getragen wird«[109].

Ebendiese Allgemeingültigkeit ist es, aufgrund derer auch der Soziologe das Bild als ein Denkmal für »den *zeitgenössischen unbekannten Soldaten*, einen beliebigen Jüngling, der ohne viele Erklärungen zum Sterben geschickt wurde«[110], ansah. Die Verbreitung eines solchen »Andenkens« über das Medium der Werbung bringt nicht nur eine Erweiterung der Ausdrucksmöglichkeiten des Denkmals mit sich, das sich nun der Sprache der Massenkultur bedient, sondern darüber hinaus erreicht die Botschaft durch ihre Serialität, die das Bild überall auf der Welt bekannt macht, ein riesiges Publikum, das ein traditionelles Denkmal niemals anzusprechen imstande wäre.

Im Hinblick auf das Plakat selbst erscheinen einige Vergleiche mit Toscanis vorangegangener Produktion notwendig. Wie bei den früheren Darstellungen des Soldatenfriedhofs (Abb. 30) und des von der Mafia Ermordeten (Abb. 68) beschäftigte sich der Fotograf auch hier mit dem Thema der Gewalt in gewisser Hinsicht nur indirekt – er vermied es, dem Betrachter einen Toten unmittelbar vor Augen zu führen. Dennoch besitzen die Bilder eine solche Drastik, dass rigide Zensurmaßnahmen ergriffen wurden.

Über die Drastik der Darstellung hinaus aber ist das Plakat auch eine makabre Parodie auf die Modewelt. So präsentierte Toscani die blutverschmierte und durchlöcherte Kleidung des getöteten Soldaten vor dem weißen Grund mit derselben ordentlichen Akkuratesse, mit der in den Werbemedien oder in den Schaufenstern der Geschäfte gewöhnlich Modeartikel dargeboten werden.

Nachdem Toscani auf die Darstellung von Kleidung jahrelang verzichtet hatte – lediglich für den humanitären Zweck des *Clothing redistribution project* hatte er sie zum Objekt gemacht –, bedeutete dieses Plakat gewissermaßen eine – wenn auch ungewöhnliche und antifunktionelle – Rückkehr zu diesem Thema.

Die Plakataktion endete jedoch paradoxerweise, obwohl sie von einer pazifistischen und antimilitaristischen Haltung zeugte, »in einer negativen Dialektik, einer teuflischen Spirale, die zum Tod führt«[111], wie Semprini schrieb. Toscani sah sich gezwungen, andere Wege einzuschlagen – sei es, weil sich die Diskussion über das Thema erschöpft hatte, sei es wegen der Unmöglichkeit, aus der bestehenden Sackgasse herauszukommen, vielleicht aber auch wegen des Drucks von außen. Jedenfalls gehörte das Plakat, das nach Semprini »einen kaum zu übertreffenden Höhepunkt«[112] darstellte, zu den letzten provokativen Aktionen Toscanis.

Im Zuge der Kampagne verstärkten sich die Boykotte und Posten vor den Benetton-Geschäften, und die Leiter der Läden selbst forderten vom Unternehmen die »Unterstützung ihrer Geschäfte und Produkte«, da sie nicht länger in Kauf nehmen wollten, dass »sich die Kampagne seit Jahren scheinbar gegen die Kleidung richtete, die als Katalysator allen Übels angesehen wurde«[113].

Auch die Verdammung der »Giuri di autodisciplina pubblicitaria« ließ nicht lange auf sich warten – diese fand »das Blut auf dem T-Shirt unredlich gegenüber den Konsumenten und zynisch gegenüber den Kriegsopfern«[114].

Es fehlte jedoch auch nicht an Anerkennung: Das Plakat erhielt den Preis des »Arts director club« von New York und Tokio, fand die Solida-

rität zahlreicher pazifistischer Organisationen und kam sogar bei dem am 3. April 1994 in Rom veranstalteten »Ostermarsch zum internationalen Strafgericht für den Stopp der Hinrichtungen« zum Einsatz.
Was die Reaktionen der Presse betraf, so widmete die Zeitung *L'Unità* in ihrer Ausgabe vom 6. März 1994 dem Thema sogar die Titelseite.
In dem dort veröffentlichten Artikel schrieb Michele Serra, Benetton und Toscani hätten »ihr Ziel bereits erreicht: die ernorme Distanz zu dokumentieren, die die wichtigen Dinge von der Werbung trennt«[115]; des weiteren bezeichnete er sie als »zu intelligent, um weiterhin einen so dummen Beruf auszuüben wie den des Milliardärs und Werbefotografen«[116].
Die schärfste Kritik erfuhr Toscani in Deutschland. Klaus Lange bezweifelte in der *Woche* die lautere Absicht des Fotografen und schrieb, der Vater des getöteten Soldaten, Gojko Gagro, habe »die Kleider nie gesehen, in denen sein Sohn gestorben ist. Er glaubte, dass diese im Krankenhaus verbrannt worden seien. Sie wurden niemals irgendjemandem gegeben.«[117] Auch eine andere nicht ganz nebensächliche Tatsache zweifelte der Journalist an: Er fragte sich, »ob das Loch im T-Shirt von einer Kugel stammte«[118] – da doch »Marinko von einem Granatsplitter am Kopf getroffen worden war«[119].
In einem ein Jahr später veröffentlichten Sammelband mit dem Titel *Benetton par Toscani* schrieben Dada und Bojan Hadzihalilovic aus Sarajevo: »Wir werden nie erfahren, ob diese Reklame, die dem Konflikt in unserem Land gewidmet ist, ihn besonders unverfroren gut heißt, oder aber im Gegenteil zwar brutal, aber umso wirksamer Anklage erhebt gegen diese tiefe und schreckliche Zerstörung unserer Zivilisation.«[120]
In derselben Veröffentlichung, die – ganz im Stile Toscanis – Meinungen von Befürwortern wie Gegnern versammelt, bemerkte Christian-Nils Robert: »Das blutverschmierte T-Shirt des bosnischen Soldaten ist eines der notwendigsten und unentbehrlichsten Bilder zum Verstehen und Begreifen der Welt der Gewalt, in der wir leben.«[121] Im Hinblick auf die oppositionelle Haltung der Kirche – die diesmal im Übrigen nicht ganz so rigoros war wie in der Vergangenheit – schrieb Robert: »Das Leichentuch eines anonymen Bosniers ist sicher zu wahr, zu unbestreitbar – dabei könnte es konkurrenzfähig mit dem Bilderkult eines anderen grausamen Todes sein, mit dem die Kirche ihr Glück machte.«[122]
Für Jacques Séguéla – die graue Eminenz der Werbung und einen erklärten Feind Toscanis – war das Plakat »das abstoßendste jemals veröffentlichte Werbeplakat. Die Schockwirkung des Bildes geht über das rein Schockierende hinaus.«[123] Auch Séguéla ließ sich – wie Klaus Lange in der »Woche« – über das Geheimnis des T-Shirts aus, das von einem Projektil durchlöchert war, während doch sein vermeintlicher Besitzer an einer Kopfverletzung durch einen Granatsplitter gestorben war. Er schloss seine Anklage mit der an Benetton gerichteten Ermahnung: »Luciano, besinne dich, bevor du das schlimmste Verbrechen begehst – das des Ruins deines Unternehmens. [...] das Publikum, dein Publikum, wird es dir nicht verzeihen. Luciano, hör auf. Über diese Grenze hinaus ist dein Fahrschein nicht mehr gültig.«[124]

ANMERKUNGEN

80. A. Semprini, a.a.O., S. 52
81. Ebenda, S. 67
82. Ebenda, S. 58
83. A. Bonito Oliva, »Punti cardinali dell'Arte«, in: *XLV. Esposizione internazionale d'arte*, Venedig, 1993, S. XXXII
84. Ebenda, S. XXXIII
85. Ebenda
86. Ebenda
87. O. Toscani, *Ciao mamma*, a.a.O., S. 77f.
88. Ebenda, S. 77
89. Ebenda, S. 76
90. R. Hughes, »Incoherence at the Biennale«, in: *Time*, 28. Juni 1993, S. 70f.
91. P. Daverio, »Controgusto«, in: *Panorama*, 27. Juni 1993
92. Ebenda
93. Ebenda
94. Ebenda
95. V. Rubiu, »Concessione d'immagine«, in: *Esposizione internazionale d'arte*, a.a.O., S. 5
96. D. Lancioni, *Andres Serrano, History of sex*, Rom, 1997, S. 4
97. A. Serrano, »Intervista«, in: *Flash art*, Oktober/November 1995
98. Ebenda
99. Ebenda
100. Ebenda
101. Ebenda
102. Ebenda, S. 74
103. O. Toscani, *Ciao mamma*, a.a.O., S. 60
104. O. Toscani, »Lettera«, in: *Oslobodenje*, Sarajevo, 25. Februar 1994
105. Ebenda
106. Ebenda
107. Ebenda
108. Ebenda
109. A. Semprini, a.a.O., S. 76
110. Ebenda
111. Ebenda
112. Ebenda, S. 77
113. Ebenda
114. O. Toscani, *Ciao mamma*, a.a.O., S. 62
115. M. Serra, »Pubblicità progresso«, in: *L'Unità*, 6. März 1994
116. Ebenda
117. K. Lange, »Wer steckte in diesen Kleidern?«, in: *Die Woche*, 24. Februar 1994
118. Ebenda
119. Ebenda
120. D. & B. Hadzihalilovic, »Toscani estende l'orrore del mondo alle sue fotografie, immortala verità sconvolgenti e ci lancia un'ammonizione«, in: *Benetton par Toscani*, Pully-Lausanne, Fae Musée d'art contemporain, 1995, S. 102
121. C. N. Robert, »In memoriam Marinko Gagro«, in: *Benetton par Toscani*, a.a.O., S. 157
122. Ebenda
123. J. Séguéla, »Benetton il marchio dello scandalo«, in: *Benetton par Toscani*, a.a.O., S. 166
124. Ebenda

84. Oliviero Toscani,

Benetton,

Frühjahr/Sommer 1994

SUGLASAN SAM DA SE UZMU PODACI MOGA POK. MARINKA U SVRHU PLAKATA ZA MIR U BORBI PROTIV RATA.

85. Oliviero Toscani,
Benetton,
Frühjahr/Sommer 1994

86. Oliviero Toscani,
Benetton,
Frühjahr/Sommer 1994

87. Carlo Miari Fulcis,
Elaborazione Print,
Box Quantel,
Benetton,
Herbst/Winter 1994

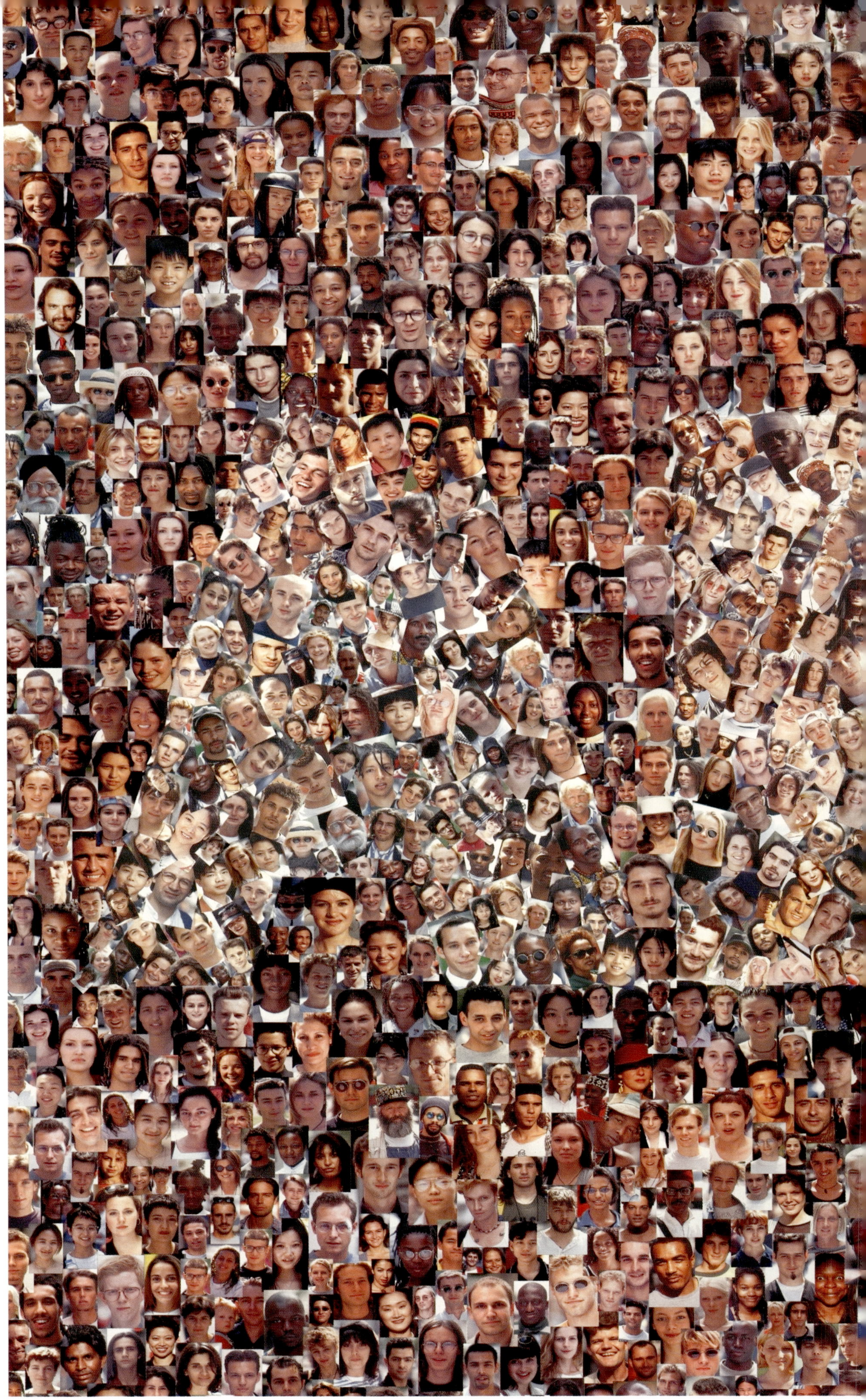

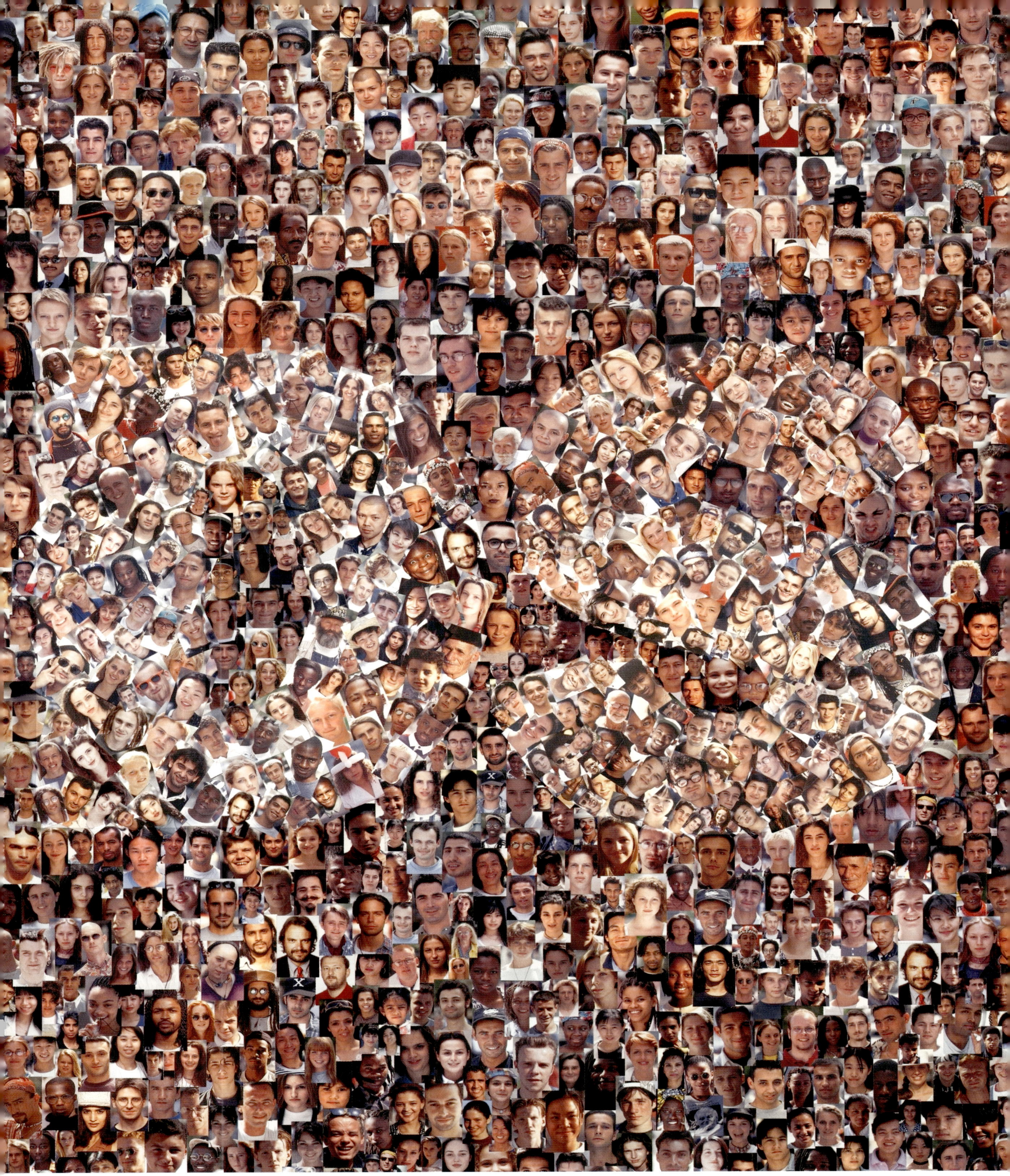

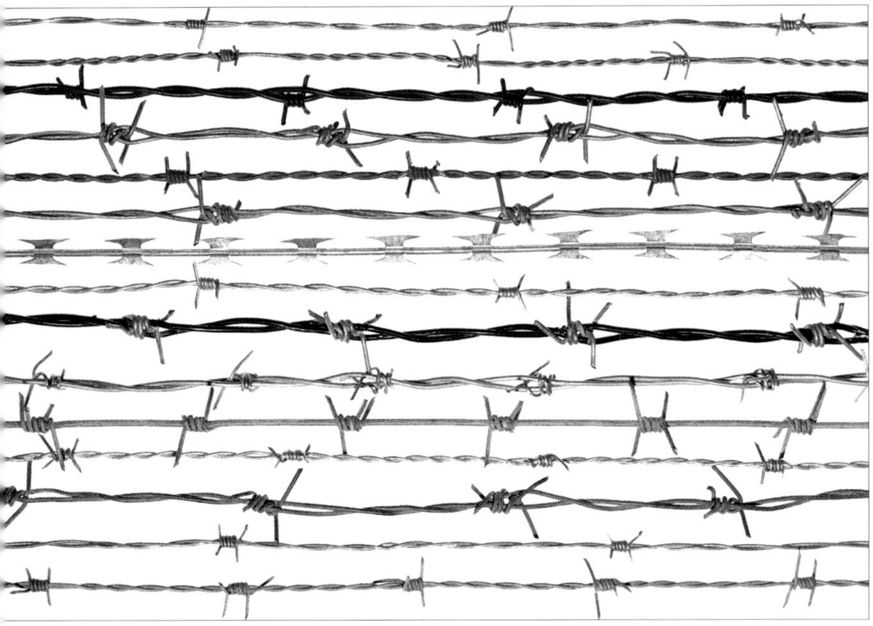

DIE MÄSSIGUNG

Aus publizistischer Sicht muss jedes Unternehmen, das über längere Zeit hinweg immer dieselbe Strategie verfolgt hat, diese Strategie erneuern oder zumindest verändern.

Bei Benetton lag die Gefahr, dass die Kampagnen an Einprägsamkeit verlieren, nicht so sehr an den Bildern selbst, die immer wieder unterschiedlich waren, als vielmehr an ihren skandalträchtigen Inhalten.

Der zunehmend gemäßigte Inhalt der Plakate aus den Jahren 1995 bis 1999 scheint sich auf den ersten Blick dieser Gesetzmäßigkeit des Marketing anzupassen.

Endlose Diskussionen, zensierende Eingriffe, Prozesse, Boykotte und sinkende Verkaufszahlen hatten ohne Zweifel eine entscheidende Rolle für die Rücknahme provokanter Inhalte gespielt.

Man darf jedoch nicht außer Acht lassen, dass die Werbestrategie sich sozusagen in eine geistige Sackgasse manövriert hatte. Von der ursprünglich fröhlichen und farbigen Proklamation der Einheit in der Vielfalt hatte sie sich zu einem politischen und sozialen Engagement entwickelt, das von einem düsteren Grundton geprägt war. Durch die Verbindung von Realismus und Pessimismus beschlich den Benetton-Kunden ein beängstigendes Gefühl von Todesnähe.

Sobald die Schockwirkung verpufft war, die dem Unternehmen über die Medien regelmäßig zu kostenloser Werbung verhalf, verkomplizierte die beunruhigende Assoziation der Marke mit unheilvollen Ereignissen den Dialog zwischen dem Unternehmen und seinen Käufern. Anfangs hatte der Kunde die Kleidung noch in dem angenehmen Bewusstsein tragen können, sich politisch korrekt zu verhalten. Nun aber musste er sich um seine eigene Existenz sorgen, die fortwährend von Schreckensereignissen bedroht war, bevor er überhaupt über eine ideologisch richtige Einstellung nachdenken konnte.

Auf den Fotografien der Jahre 1995 bis 1999 ist die Absicht erkennbar, allmählich Spannungen abzubauen und Polemiken zu vermeiden – wenn auch nicht gänzlich, denn eine allzu gemäßigte Werbung hätte zwar einerseits vor Kritik geschützt, anderseits aber einen unverzeihlichen Verrat an den humanitären Werten bedeutet, auf die Benetton sein Image gegründet hatte.

Diese beiden gegensätzlichen Tendenzen waren es, die den Charakter der neuen Werbekampagnen bestimmten.

Gleich das erste Plakat der Frühjahr/Sommerkollektion 1995 (Abb. 88) erweist sich als typisch für diese neue Strategie. Vor einem grauen Himmel ist im Vordergrund Stacheldraht zu sehen, der, wie Toscani später wissen ließ, von überallher kam: aus Johannesburg, Belgrad, Tokio, Dublin, Beirut, Jerusalem, Budapest, Hamburg.

Auch dieses Bild erinnert an den Krieg, vermeidet aber im Gegensatz zu den früheren Darstellungen, ihn offen sichtbar zu machen. Dabei vermischt sich die Erinnerung an gegenwärtige Konflikte mit vergangenen. Wir werden gezwungen, an das Leid der Vernichtungslager zu denken, an die Politik der »ethnischen Säuberung«. Heute wie damals – in Bosnien wie in Auschwitz – stehen wir der Massenvernichtung ohnmächtig und teilnahmslos gegenüber.

Nach dem Zweiten Weltkrieg erschien es noch als selbstverständlich, dass Ähnliches nie mehr geschehen dürfe. Fünfzig Jahre später müssen wir eingestehen, dass sich dies keineswegs erfüllt hat.

So bleibt also der hohe moralische Anspruch der Darstellung als eines Bekenntnisses zum Pazifismus bestehen; Toscani verzichtet nur auf den schockierenden Effekt: An einem Bild, das lediglich Stacheldraht zeigt, wird wohl kaum jemand Anstoß nehmen.

Einen ähnlichen Weg schlägt Toscani mit dem zweiten Plakat der Serie von Frühjahr/Sommer 1995 ein (Abb. 89), das häufig als visuelles

88. Oliviero Toscani,
Benetton,
Frühjahr/Sommer 1995

89. Oliviero Toscani,
Benetton,
Frühjahr/Sommer 1995

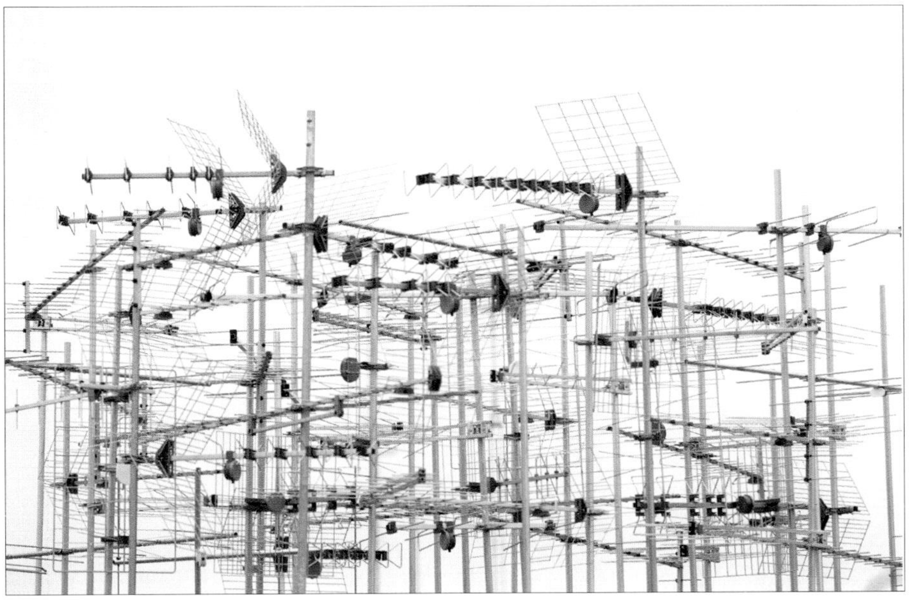

Pendant des ersten angesehen wurde und dessen Gedankengang zu vertiefen schien.

Vor dem gleichen grauen Himmel erscheint anstelle des Stacheldrahts ein Gewirr aus Fernsehantennen. Die Isolation und Ausgrenzung, die das erste Plakat versinnbildlichte, wird hier nicht mehr als physisch, sondern als psychisch vor Augen geführt. Es gibt, so macht Toscani deutlich, auch eine mentale Gefangenschaft, die umso gefährlicher ist, als sie nur schwer wahrzunehmen ist. Die verwirrende Vielzahl von Stangen und Drähten, die in den Himmel ragen, erinnert daran, wie leicht heute die Masse der Menschen zu manipulieren ist, die wie hypnotisiert vor dem Bildschirm sitzen und durch ihre Tele-Abhängigkeit vollkommen passiv geworden sind, so dass sie nicht einmal mehr erkennen können, dass sie in einer telekratischen Diktatur leben.

Eine radikale Kritik am Medium Fernsehen konnte sich Benetton auch deshalb erlauben, weil das Unternehmen immer konsequent auf diese Werbemöglichkeit verzichtet hatte. In Italien erhielt die Werbekampagne noch zusätzlich eine indirekte politische Bedeutung, da sie zeitlich mit dem ersten Regierungsantritt des Medienunternehmers Silvio Berlusconi zusammenfiel.

Toscanis Meinung über das Fernsehen war bekannt, hatte er sich doch des Öfteren dazu bekannt, kein Fernsehgerät zu besitzen. Bereits in einem Interview für den *Corriere della Sera* vom 9. Oktober 1972 äußerte er sich vernichtend über das Medium: »Von allen technischen Errungenschaften unseres Jahrhunderts hat das Fernsehen dem Menschen am wenigsten genützt [...] – weniger als alle anderen Haushaltsgeräte, sogar weniger als der Kühlschrank, ganz zu schweigen vom Telegrafen oder dem Fax.«[125]

Toscani votierte für die »vollkommene Abschaffung des Fernsehens«[126] weil dieses, wie er sich ausdrückte, »zur Untätigkeit verdammt und die Illusion schafft, man lerne etwas beim Zuschauen, während man in Wirklichkeit nur Zeit verliert«[127]. Dies sei auch das Ergebnis zahlreicher »sozialer, politischer, moralischer und umweltpolitischer Analysen, die die völlige Abstumpfung zeigen, die das Fernsehen produziert«[128].

Einen Sender wie CNN hielt Toscani allerdings als Informationsmedium für wichtig, und er gestand ein, dass er bei seinen Hotelaufenthalten die Nachrichtensendungen anschaute. Dennoch blieb er bei seinem harten Urteil. Er fand es »abstoßend, von Sprecherinnen, die mit ihren auftoupierten Haaren, ihren rot lackierten Nägeln und falschen Valentino-Kleidern wie Barbie-Puppen aussehen, etwas über Somalia oder sonstige Tragödien in der Welt zu erfahren. Sie sitzen in den Studios der CNN am Tisch, passen aber genauso gut in eine Seifenoper wie *Dallas*.«[129]

Trotz alledem jedoch war das Plakat in seiner Kritik weit weniger polemisch als die Plakate der Vergangenheit. Toscani wollte nicht mehr mit Fotos schockieren, die gesellschaftliche Tabus ins Bewusstsein riefen. Stattdessen leistete er – wenn auch mit radikalen und eigenwilligen Argumenten – einen Beitrag zur allgemeinen Diskussion über das Fernsehen.

Auf eine Erneuerung der Werbestrategie lässt auch das Eröffnungsplakat der Kampagne vom Herbst/Winter 1995 (Abb. 98) schließen.

In einer enormen Großaufnahme ist ausschnitthaft das Gesicht eines Schwarzen – reduziert auf Augen, Nase und Stirn – zu sehen. Das Schwarz der Haut nimmt das gesamte Bildfeld ein; deutlich stechen die Augen daraus hervor, die überraschenderweise verschiedenfarbig sind – das eine grün, das andere blau. Dieses aus biologischer Sicht unwahrscheinliche und daher unrealistische Bild erinnert an Träume oder surreale Fantasien, an utopische Daseinsformen – und so lautete Toscanis Kommentar zu der Darstellung denn auch: »Ich möchte die Zukunft mit diesen Augen sehen.«[130]

90. Oliviero Toscani,
Benetton,
Herbst/Winter 1997

91. Oliviero Toscani,
Benetton,
Frühjahr/Sommer 1997

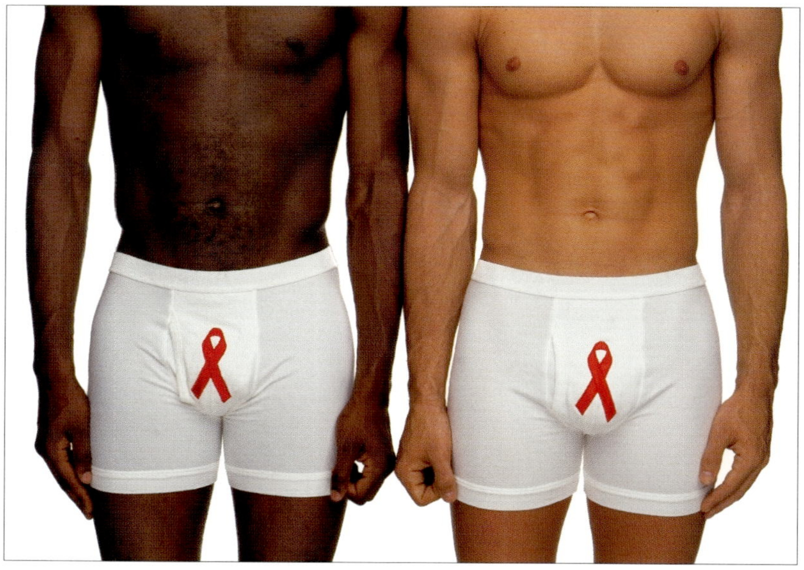

Wie in früheren Werbekampagnen wurde auch auf diesem Plakat das eigentliche Produkt nicht gezeigt – anders als bisher aber ging es nicht mehr um ethische, politische oder soziale Wertvorstellungen, mit denen das Unternehmen bislang auf sich aufmerksam gemacht hatte. Außer dem üblichen grünen Rechteck mit dem Logo »United Colors of Benetton« war auf dem Plakat in großen weißen Lettern das Wort »Fabrica« zu lesen.
Dieses bezeichnet nichts anderes als eine von Oliviero Toscani zusammen mit Luciano Benetton ins Leben gerufene Schule, die in einer alten venezianischen Villa in Catene di Villorba untergebracht ist. Die Villa wurde von Tadao Ando restauriert, dessen Konzeption »eine spiegelnde Wasserfläche vor der Hauptfassade, Säulen, ein Auditorium und, um das oberirdische Ensemble nicht zu zerstören, eine Reihe unterirdischer Räume«[131] umfasste. Das Institut ist ein Forschungszentrum und steht Studenten aus aller Welt offen, die sich hier mit Hilfe eines Stipendiums in den verschiedensten Disziplinen fortbilden können – von der Grafik über Design, Video, Fotografie, Musik und Film bis hin zu Keramik und Stoffbearbeitung.
Erstaunlich ist dabei, dass für die Schule, die – wie Toscani es ausdrückte – »den Anspruch erhob, anders als alle anderen zu sein«[132], erst drei Jahre nach ihrer Gründung geworben wurde.
Vergnüglich wiederum ist die Tatsache, dass Oliviero Toscani und Luciano Benetton in einem offiziellen Brief vom 27. Juli 1993 den kubanischen Staatschef Fidel Castro zur Leitung der »Fabrica« einluden. Das Schreiben blieb jedoch ohne Antwort, so dass die Direktion dem amerikanischen Regisseur Godfrey Reggio übertragen wurde. Dennoch lässt sich daraus der Geist der Initiative ablesen: Die Bezeichnung »Fabrica« sollte das Anknüpfen »an ein Wissen verdeutlichen, das nicht bloß theoretisch ist«[133]. Bei diesen Worten denkt man zwangsläufig an das Bauhaus und die Kunstgewerbeschule in Zürich, die Toscani besucht hatte.
Die Gründung der Schule fußte auf der Überzeugung, dass auf solche Weise »die Rassen- und Klassenunterschiede aufgehoben«[134] werden könnten; die Schule sollte gleichsam »eine Versuchswerkstatt für eine bessere Gesellschaft«[135] sein.
Da die Absicht, Fidel Castro nach Catene di Villorba zu holen, doch merkwürdig erscheinen mochte, erklärten Toscani und Benetton in ihrem Brief, »in einer immer konformistischeren Welt« sei »für Fabrica ein Meister der Revolution«[136] vonnöten.
Als Vorbild diente ihnen die »Isla de la Juventud, die Schulen mit Studenten aus nicht weniger als achtzig verschiedenen Ländern beherbergte«[137]; auch erinnerten sie an die Rolle, die »Kuba als kulturelles Laboratorium mit der Biennale der Kunst, dem Filmfestival, dem Literaturpreis der Casa del las Americas, dem Volksmusikfestival von Varadero und Kongressen über Naturwissenschaft, Medizin und Literatur«[138] spielte.
Die folgenden Werbekampagnen zeigten neben dem Rückgang der provokativen Inhalte auch eine Abnahme des ästhetischen Anspruchs – als sei Toscani nur dann in der Lage gewesen, sein Bestes zu geben, wenn er damit auch provozieren konnte. Beispiele dafür sind der Holzlöffel für das Gipfeltreffen der FAO (Abb. 101), die schwarze Hand mit weißen Reiskörnern (Abb. 102) oder die Aufnahme von Luciano Benetton mit seinen Geschwistern, Kindern und Mitarbeitern in Zwangsjacken, die letztlich jedoch nicht mehr ist als ein amüsanter Einfall (Abb. 99).
Aus der Reihe fallen die Aufnahme eines Hermaphroditen (Abb. 95) – eine sublimierte Neufassung ähnlicher Aufnahmen von Andres Serrano –, das Bild zweier sich paarender Pferde, das in Bnei Barak, in der

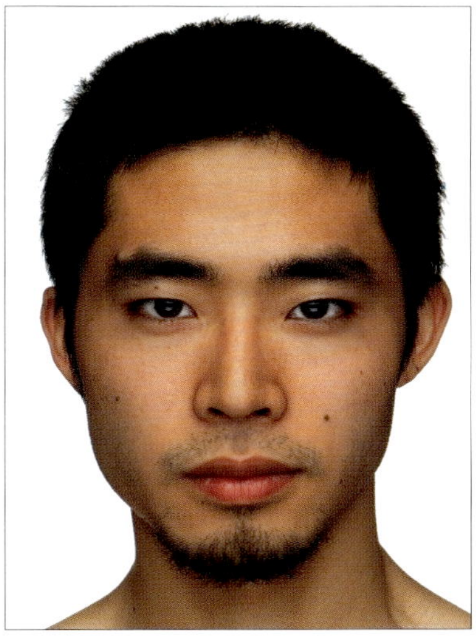

Nähe von Tel Aviv, zur Zielscheibe militanter Orthodoxer wurde (Abb. 100), oder die Darstellung dreier menschlicher Herzen mit der Aufschrift »WHITE«, »BLACK« und »YELLOW« (Abb. 97) – ein Plakat, das Toscani durch die Reduzierung »des menschlichen Körpers auf bloße Fleischstücke«[139] wiederum in die Nähe Serranos stellt.
Einigermaßen provokant waren auch die Werbekampagnen von Frühjahr/Sommer und Herbst/Winter 1997 (Abb. 91, 103, 104). Der Fotograf beschäftigte sich in diesen Bildern mit jungen Leuten aller Nationalitäten, um auf diese Weise eine Art »Atlas der Harmonie und der Anmut jenseits aller Gemeinplätze«[140] zusammenzustellen. In seinen Augen zeigten die auf den Plakaten abgebildeten Gesichter »das, was den Stereotypen in der Regel fehlt, und fordern dazu auf, die Schönheit in der Vielfalt der Rassen und in der Verschiedenheit zu suchen«[141]. Obwohl jedoch Rassismus nach wie vor auf der ganzen Welt ein Problem war, sorgte diese lange Sequenz verschiedener, meist ausdruckslos starrender und nicht einmal lächelnder Gesichter kaum für Irritation.
Das Gleiche gilt für das zweite Plakat des Jahres (Abb. 90). Wie Daniele da Volterra Michelangelos Nackte in der Sixtinischen Kapelle »züchtig« verhüllte, so ließ auch Toscani auf ähnliche Weise die Modelle, die er 1993 für die Biennale von Venedig nackt fotografiert hatte, nun – als bereute er es – verschämt Unterhosen tragen. Auf der Unterwäsche war die rote Schleife des Welt-Aids-Tages angebracht. Damit knüpfte Toscani an sein früheres Engagement an, diesmal allerdings ohne Anstoß erregen zu wollen.
Die späteren Plakate für Herbst und Winter 1998 (Abb. 105, 106, 108) zeigten Fotos von behinderten Jugendlichen aus dem St.-Valentin-Heim im oberbayerischen Ruhpolding.
Toscani rechtfertigte diese Wahl mit dem dadaistischen Motto: »Die Dummköpfe sehen das Schöne nur in den schönen Dingen.«[142]

Angesichts der weit verbreiteten »wohlmeinenden« Akzeptanz der Menschen mit Down-Syndrom schwamm der Fotograf damit wohl weniger gegen den Strom, als er behauptete. Die Plakatserie war lediglich genauso schockierend wie jeder Anblick des vermeintlich Anomalen und wirkte in keiner Weise anstößig. Die Rebellion gegen die von den Medien aufgezwungenen ästhetischen Modelle, die von dieser Werbekampagne aufgegriffen wurde, war längst weit verbreitet.
Bezeichnenderweise traten zwei internationale Konzerne, die Telecom Italia und Procter & Gamble, der Initiative bei. Auch die Schriftstellerin Susanna Tamaro begrüßte sie und unterschrieb den Text der Präsentation. Sie taufte die Kampagne auf den Namen »Die Sonnenblumen« und erklärte, diese Blumen seien »durch ihre hartnäckige Fröhlichkeit« mit den lächelnden Kindern aus Ruhpolding zu vergleichen.
Toscani seinerseits führte denjenigen Gedanken weiter, den er im Jahr zuvor mit der Serie der »Gesichter« begonnen hatte. Er suchte die Schönheit an der Stelle, wo sie besonders schwierig festzuhalten ist: dort, wo sie für uns ungewohnt und von uns verschieden ist, im Anderssein, das nicht wie zuvor im ethnischen, sondern im pathologischen Unterschied begründet ist.
Dieses Anderssein darf man jedoch nicht als das entscheidende Kriterium betrachten. So erklärte Toscani, er habe bei den Jugendlichen, die ihm für die Plakate Modell gestanden hatten, »etwas viel Tiefgehenderes als die äußere Schönheit«[143] gefunden, und er habe sie und ihre Familien in Fotografien festgehalten, »weil sie im wahrsten Sinne des Wortes schön sind«[144].
Diesen Aussagen würden nicht viele Menschen ehrlich zustimmen – sicherlich jedoch würde jeder, der Hübsche im Gefühl der Überlegenheit, der weniger Hübsche, um seine scheinbare Minderwertigkeit zu kompensieren, sie in der Öffentlichkeit gutheißen.

92. Oliviero Toscani,
Benetton,
Frühjahr/Sommer 2000

93. Oliviero Toscani,
Benetton,
Frühjahr/Sommer 2000

94. Oliviero Toscani,
Benetton,
Frühjahr/Sommer 2000

ZUM TODE VERURTEILT?

Wer weiß, ob Oliviero Toscani in den zwei Jahren, in denen er in den Gefängnissen der Vereinigten Staaten Todeskandidaten fotografierte (Abb. 92–94, 109, 110, 112), einmal an die Möglichkeit dachte, dass diese Serie auch das Todesurteil für seine langjährige Zusammenarbeit mit Luciano Benetton bedeuten könnte?
Sicherlich aber war er sich dessen bewusst, dass er ein weiteres Mal eine schockierende Werbekampagne vorbereitete. Wahrscheinlich hielt er es für notwendig, nach den Jahren, in denen er einen etwas gedämpfteren Ton angeschlagen hatte, wieder zu der Deutlichkeit zurückzukehren, die seine früheren Kampagnen und seinen weltweiten Erfolg ausgemacht hatte.
Toscani war sich im Klaren darüber, dass er eine Diskussion um ein umstrittenes Thema entfachte, das die öffentliche Meinung in Europa (wo man entschieden gegen Hinrichtungen ist) und Amerika (wo man, einschließlich des damaligen demokratischen Präsidenten Bill Clinton, geschlossen dafür ist) spaltete.
In Großaufnahme zeigen die Plakate Männer und Frauen, die des Mordes für schuldig befunden wurden, Menschen, die dieses Verbrechen begangen haben in einem Anfall von geistiger Umnachtung oder auch in berechnender Klarsicht. Toscani zwingt den Betrachter, den Mördern in die Augen zu sehen, über den Unterschied zwischen uns und ihnen nachzudenken und darüber, dass Mord zu den Urinstinkten des Menschen gehört, die offenbar noch nicht ganz überwunden sind.
Bei der Betrachtung der Bilder kommen uns die Studien von Cesare Lombroso (1835–1909) in den Sinn, der aus der Physiognomie Hinweise auf eine verbrecherische Veranlagung ableiten zu können glaubte. In den Gesichtszügen und im Gesichtsausdruck suchen wir – darauf hoffend, nicht auf Ähnlichkeiten mit uns selbst oder uns nahe stehenden Menschen zu stoßen – nach einem gemeinsamen Nenner für das Gesicht des Verbrechens.
Toscanis Fotoserie ist bei diesem Versuch jedoch keine Hilfe, sondern zeigt im Gegenteil unschuldige, traurige, resignierte, stolze oder ängstliche Gesichter. Einige der Abgebildeten sind gut aussehend und wirken faszinierend, andere hingegen erscheinen schlaff und verlebt, manche sind abstoßend dick, andere wieder lächeln schüchtern, leicht spöttisch oder einfach selig dümmlich. Vielleicht könnte einer dieser Menschen wirklich unschuldig sein, doch wir können nicht feststellen, welcher. Auch er aber wird sterben, auf dem elektrischen Stuhl, in der Gaskammer oder durch eine tödliche Giftspritze.
Toscani dachte vielleicht, dass die Darstellung dieser 28 Insassen der Todestrakte bloß den üblichen Skandal auslösen und zur Unterbrechung von Handelsbeziehungen führen würde – so kündigte denn die Firma Sears auch tatsächlich die Verträge für 400 Geschäfte in den Vereinigten Staaten auf. Diesmal aber hatten der Fotograf und sein Auftraggeber zudem noch den ganzen Staat Missouri gegen sich, auch wenn die Auseinandersetzung schließlich friedlich und ohne die in der Presse diskutierten Schadenersatzzahlungen in Milliardenhöhe beigelegt werden konnte.
Die amerikanische Gefängnisverwaltung machte geltend, dass Toscani seine Besuchserlaubnis nur zur Anfertigung einer internationalen Fotodokumentation erhalten habe. Man habe aufgrund der vagen Aussagen geglaubt, es handle sich um eine Reportage. Man sei auch dadurch in die Irre geführt worden, dass Toscanis Begleiter, Ken Schulman von der Zeitschrift *Newsweek*, die Gefangenen interviewte. Die Interviewtexte begleiteten später den Katalog mit den Fotos, den Benetton unter dem Titel *We on the death row* herausgab und der in der am

11. Januar 2000 erschienenen Ausgabe der Zeitschrift *Talk* – von Tina Brown als einer der populärsten Journalistinnen Amerikas herausgegeben – vorgestellt wurde.

Natürlich wies Oliviero Toscani die gegen ihn gerichteten Vorwürfe kategorisch zurück. Luciano Benetton brachte sein Bedauern über den Schmerz der Verwandten der Häftlinge zum Ausdruck und betonte, dass die Kampagne nur einen Beitrag zur Diskussion um die Todesstrafe hatte leisten wollen.

Für Benetton wie für Toscani trug diese Episode jedoch zur Verschlechterung ihrer bereits ohnehin durch Unstimmigkeiten und Missverständnisse unterminierten Beziehung bei, was natürlich in den offiziellen Erklärungen der Beendigung der Zusammenarbeit nicht erwähnt wurde.

»Nichts dauert ewig, zum Glück! Es ist schön, den Mut zu haben, etwas zu beenden, das phantastisch war, und noch genügend Enthusiasmus zu besitzen, um neue Projekte in Angriff zu nehmen«.[145] Mit diesen – vielleicht ein wenig zu emphatischen – Worten versuchte Oliviero Toscani die Trennung weniger dramatisch erscheinen zu lassen.

Ähnlich äußerte sich der Unternehmenschef: »Ein neues Kapitel der Benetton-Werbung beginnt. Fabrica, unser Forschungszentrum für die Werbung, übernimmt für diesen Bereich die Verantwortung.«[146]

Am 27. Mai 2000 jedoch erschien in der Zeitung *La Repubblica* ein Interview, das Toscani dem Journalisten Gad Lerner gegeben hatte und das nicht nur die üblichen Floskeln enthielt, sondern in dem der Fotograf seine lange aufgestaute Enttäuschung und seinen Groll zum Ausdruck brachte.

Zunächst betonte er, dass er sich schon des längeren mit dem Gedanken getragen habe, auszusteigen – denn man müsse »aufhören, wenn man den Höhepunkt erreicht hat und neue Pläne hat«[147]. Auf die Frage nach den wahren Hintergründen der Trennung erhob er eine Vielzahl von Vorwürfen: Zwar habe er Luciano Benetton immer schon scherzhaft als »seinen Lorenzo den Prächtigen« bezeichnet, dabei jedoch vergessen, »dass unter dessen Herrschaft das Kurtisanenwesen blühte«[148]. So habe er immer »mit biederen Managern zu kämpfen gehabt, die die moralische Ernsthaftigkeit« seiner »Arbeit in Zweifel zogen«[149], was zur Folge hatte, dass er sich, wie er sagte, immer gefühlt habe als jemand, der Außergewöhnliches leistet »in einer Umgebung, die dies nicht zu schätzen weiß«[150]. Weiter erklärte er: »Es gab keinen Streit, doch es herrschte eine eisige Atmosphäre.«[151] Schließlich sei er, als er in Paris in *Le Monde* einen gegen ihn gerichteten Artikel gelesen habe, davon überzeugt gewesen, dass dieser von Ponzano Veneto aus lanciert worden sei.

So traf er die Entscheidung, einen Schlussstrich zu ziehen.

Dabei tat es ihm weniger um die Personen Leid, die er hinter sich ließ, sondern vor allem um das Werk, das er aufgeben musste. Nur ungern verließ er die Zeitschrift *Colors*, die er gegründet und zehn Jahre lang geleitet hatte und die »zu einem Kultblatt für die verlegerische Avantgarde in der ganzen Welt«[152] geworden war – und dies obwohl sich, so Toscani, »die Benetton-Geschäfte schämten, sie in der Auslage neben den Pullovern zu präsentieren«[153]. Ebenso trauerte er auch der »Fabrica« nach, von der er – wie er bissig bemerkte – hoffte, sie werde nicht »zu einer Werbeagentur des Unternehmens reduziert«[154].

Auf die Frage nach seinen Plänen antwortete er, er werde, wenn er die »Enttäuschung über die Mittelmäßigkeit dieser Leute«[155] überwunden habe, glücklich darüber sein, »von niemandem mehr mit dem kleinen grünen Rechteck identifiziert«[156] zu werden. Bis dahin wolle er sich für einige Monate nach New York zurückziehen, um als Art Director von *Talk* zu arbeiten; anschließend werde er sich einem internationalen Projekt im Internetbereich zuwenden.

95. Oliviero Toscani,
Benetton,
Herbst/Winter 1995

Inzwischen ist Toscani auch im Fernseh- und Ausstellungswesen tätig. Er betreut als Kurator eine Abteilung der Ausstellung »Made in Italy«, die in Mailand in Zusammenarbeit mit dem »Salone del mobile« organisiert wird; ebenso gehört er zu den Verantwortlichen der aktuellen Biennale von Valencia.
Indessen füllen sich die Straßen nochmals mit den Bildern der letzten Werbekampagne Toscanis – diesmal jedoch im Auftrag des Radiosenders DJ. Dabei überkommt den Betrachter Zweifel, ob die Fotografien dieser Gesichter, die spöttisch auf ihn herabzublicken scheinen, nicht gerade dabei sind, ein Eigenleben zu entwickeln – eine metaphorische und vielleicht nicht einmal ganz abwegige Vorstellung.

ANMERKUNGEN

125. P. Martini, »Intervista a Oliviero Toscani«, in: *Corriere della Sera*, 9. Oktober 1972.
126. Ebenda
127. Ebenda
128. Ebenda
129. Ebenda
130. *La pubblicità Benetton*, a. a. O.
131. O. Toscani, *Ciao mamma*, a. a. O., S. 29
132. Ebenda
133. Ebenda, S. 30
134. Ebenda
135. Ebenda, S. 31
136. Ebenda, S. 30
137. Ebenda
138. Ebenda
139. A. Semprini, a. a. O., S. 77
140. *La pubblicità Benetton*, a. a. O.
141. Ebenda
142. Ebenda
143. Ebenda
144. Ebenda
145. C. Brambilla, »Toscani e Benetton si lasciano dopo 18 anni«, in: *La Repubblica*, 8. Mai 2000
146. Ebenda
147. G. Lerner, »Toscani deluso da Benetton«, in: *La Repubblica*, 27. Mai 2000
148. Ebenda
149. Ebenda
150. Ebenda
151. Ebenda
152. Ebenda
153. Ebenda
154. Ebenda
155. Ebenda
156. Ebenda

96. Oliviero Toscani,
Benetton,
Herbst/Winter 1999

97. Oliviero Toscani,
Benetton,
Frühjahr/Sommer 1996

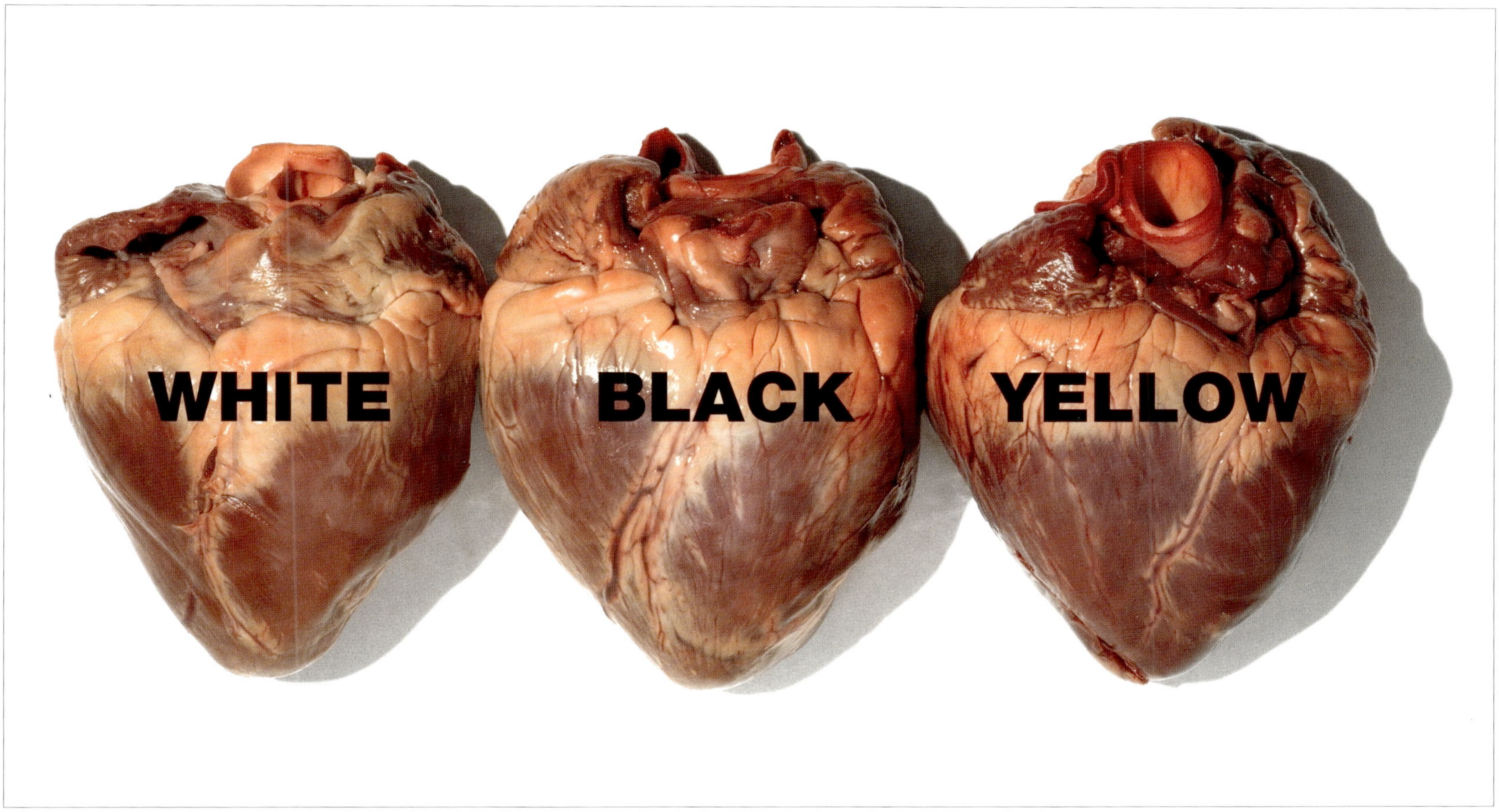

98. Oliviero Toscani,
Benetton,
Herbst/Winter 1995

Folgende Doppelseite:
99. Oliviero Toscani,
Benetton,
Frühjahr/Sommer 1996

Cristian - 24
Student

Carlo - 52
Production Director

Massimo - 28
Student

Andrea - 26
Student

Sabrina - 22
Student

Gilberto - 54
Vice-President

Barbara - 26
Student

Carlo - 24
Financial Consultant

Giuliana - 58
Design Director

Paola - 37
Product Director

Daniela - 26
Project Undercolors

Mauro - 23
Marketing Director

Luciano - 60
President

Rossella - 30
Cultural Foundation

Alessandro - 31
President Formula 1

100. Oliviero Toscani,
Benetton,
Herbst/Winter 1996

103. Oliviero Toscani,
Benetton,
Frühjahr/Sommer 1997

104. Oliviero Toscani,

Benetton,

Frühjahr/Sommer 1997

105. Oliviero Toscani,
Benetton,
Herbst/Winter 1998

106. Oliviero Toscani,
Benetton,
Herbst/Winter 1998

107. Diego Velázquez,
Der Hofzwerg
Francisco Lezcano
(El Niño de Vallecas),
ca. 1643–45,
Madrid, Museo del Prado

108. Oliviero Toscani,
Benetton,
Herbst/Winter 1998

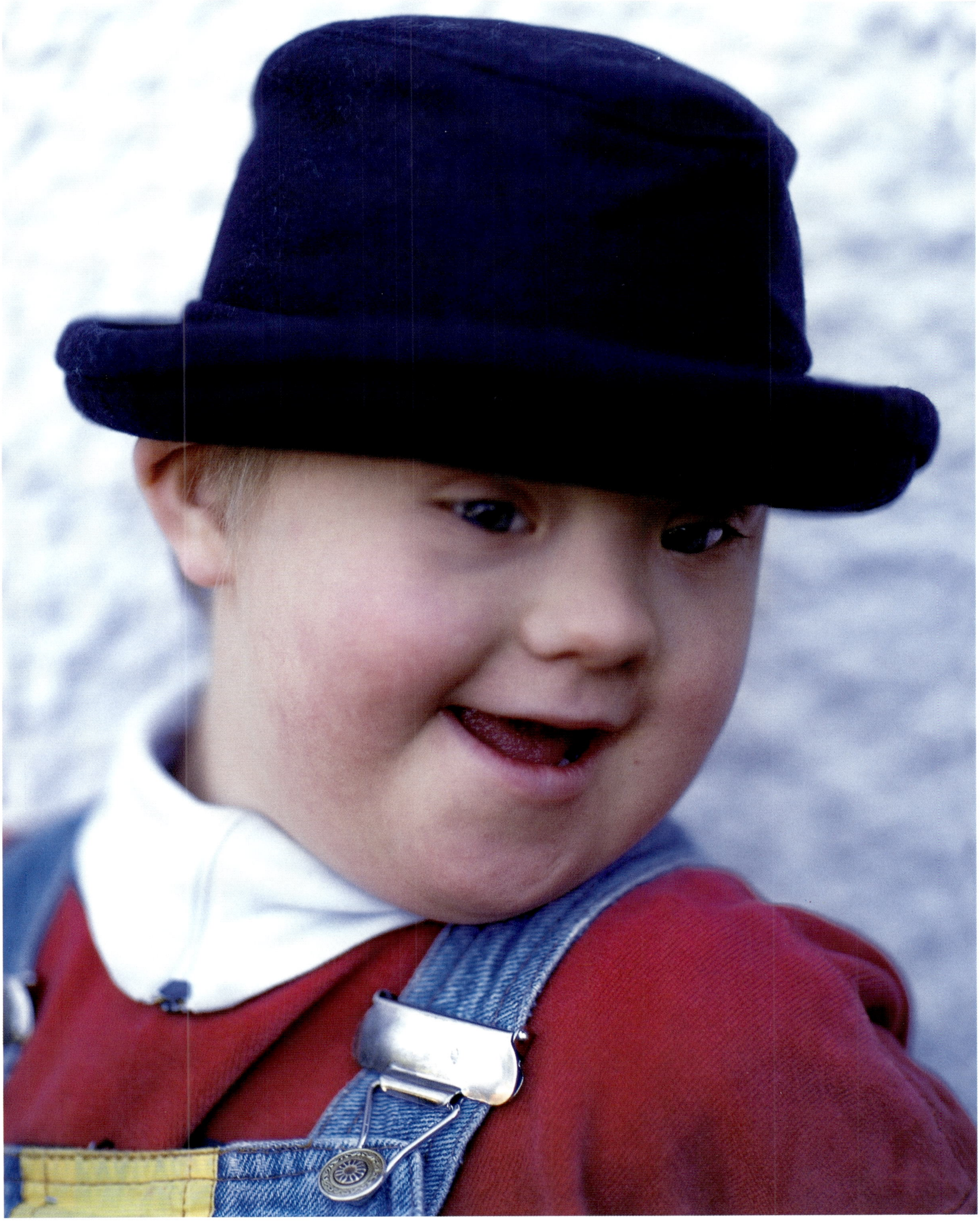

UNITED COLORS
OF BENETTON.
www.benetton.com/deathrow
SENTENCED TO DEATH
LEROY ORANGE
BORN: 7/20/1950, CHICAGO, ILLINOIS
CRIME: FIRST DEGREE MURDER,
AGGRAVATED ARSON
SENTENCE: DEATH BY LETHAL INJECTION

109. Oliviero Toscani,
Benetton,
Frühjahr/Sommer 2000

110. Oliviero Toscani,
Benetton,
Frühjahr/Sommer 2000

111. Andy Warhol, *Steckbrieflich Gesuchter Nr. 12, Franck B.*, 1964, The Andy Warhol Foundation for the Visual Arts, New York

112. Oliviero Toscani, *Benetton*, Frühjahr/Sommer 2000

UNITED COLORS
OF BENETTON.
www.benetton.com/deathrow
SENTENCED TO DEATH
JEREMY SHEETS
BORN: 5/8/1974, OMAHA, NEBRASKA
CRIME: FIRST DEGREE MURDER,
USE OF KNIFE IN COMMISSION OF FELONY
SENTENCE: DEATH BY ELECTRCUTION

ZUSAMMENFASSUNG

ZUSAMMENFA

Wer also ist Oliviero Toscani und welche Rolle hat er für die Werbung der letzten zwei Jahrzehnte des 20. Jahrhunderts gespielt? Ist er der Zyniker, der das Unglück anderer instrumentalisiert, um einige Pullover mehr zu verkaufen, oder ist er der revolutionäre Künstler, der die Werbung als ein Instrument entdeckt hat, um schockierende Bilder zu verbreiten, und der damit der Aufgabe der Kunst besser gerecht wird als viele Maler, Bildhauer und Fotografen?

Vielleicht beides. Auf jeden Fall hat Toscani bei seiner Arbeit für Benetton immer wieder eine Skrupellosigkeit an den Tag gelegt, wie sie in jedem Bereich – und besonders im künstlerischen – denjenigen auszeichnet, der etwas Neues schafft.

Zur Beurteilung der künstlerischen Qualität der Aktionen Toscanis ist es notwendig, sich über das heutige Verständnis der Kunst Gedanken zu machen. Dies beinhaltet die Wahl zwischen einem Begriff von Kunst, der diese als reinen Genuss, als Hinwendung zum Schönen definiert, und einer Auffassung, die die Funktion der Kunst darin sieht, das Bewusstsein der Menschen wachzurütteln, auch auf die Gefahr hin, gegen herrschende Moralvorstellungen zu verstoßen.

Die erste Position, die dem Idealismus angehört, erscheint für eine kritische Betrachtung der zeitgenössischen Kunst ungeeignet. Was hingegen die zweite Position betrifft, so fällt auf, dass sich die jüngere Künstlergeneration immer mehr aus dem sozialen und politischen Engagement zurückzieht.

Seit dem Ende des 19. Jahrhunderts galt es als die vorrangige Aufgabe des Künstlers, Bestehendes zur Diskussion zu stellen und zu provozieren. *Épater le bourgeois* hieß die Devise, bei der es darum ging, Reflexionen über den Zustand der Gesellschaft in Gang zu setzen. Früher besuchte man dazu *Salons* und Kunstgalerien – seit Toscani hingegen genügt es, durch die Straßen zu flanieren und die Plakate zu betrachten.

Die Einzigartigkeit und das Außerordentliche der Leistung Toscanis besteht tatsächlich darin, dass »die Werbung gerade dort ihre Stimme laut erhebt, wo die Kunst schweigt«[1]. Ganz in diesem Sinne stellte Gilles Lipovetsky fest: »Die künstlerischen Avantgarden haben aufgehört, Skandale zu provozieren.«[2] Daraus ergibt sich, dass Grenzüberschreitungen »paradoxerweise nur noch in der Werbung als dem direktesten Ausdruck des Kapitalismus«[3] möglich sind. Ebendarin nun liegt auch die innovative Tragweite der Botschaften Toscanis – nur noch sie scheinen mittlerweile dazu in der Lage zu sein, eine Diskussion in unserer Gesellschaft zu entfachen.

Diese Fähigkeit, Diskussionen anzuregen, nonkonformistische Sichtweisen der Welt und ihrer Probleme zu entwickeln und festgefahrene Meinungen in Frage zu stellen, hat dem Werbefotografen die Museumstore geöffnet. Der Weg von der Werbung in die heiligen Hallen der ästhetischen Weihen ist noch nie so kurz gewesen. Diese Tatsache verweist auf eine neue Rolle der Künstler und der Institutionen. Es wird deutlich, dass die Aufgabe der Künstler nicht mehr nur darin besteht, das Auge zu erfreuen, und es diejenige der Museen nicht ist, eine Kunst aufzubewahren und zu mumifizieren, die sich doch eigentlich als *work in progress* versteht.

Beide, Künstler und Institutionen, wollen Denkanstöße geben. Unter diesem Blickwinkel ist Toscanis Arbeit nichts anderes als eine extreme, unerwartete, aber logische Konsequenz der Kunst im Zeitalter der Globalisierung.

ANMERKUNGEN

1. L. Pagnucco, »Salvato dal marciapiede«, in: *Arte in*, April 1995
2. G. Lipovetsky, in: O. Toscani, *Ciao mamma*, a. a. O., S. 47
3. Ebenda

BIBLIOGRAFIE

Abruzzese, A., *Archeologie dell'immaginario*, Neapel 1988
Ders., *Forme estetiche e società di massa*, Venedig 1973
Ders., *Metafore della pubblicità*, Genua 1988
Agosti, G., *Facce*, Rom 1997
Argan, G. C., *Gropius und das Bauhaus*, Braunschweig 1983
Arnheim, R., *Anschauliches Denken*, Köln 1972

Baldelli, P., *Comunicazioni di massa* (Enciclopedia Feltrinelli Fischer), Mailand 1974
Barthes, R., *Die Sprache der Mode*, Frankfurt a. M. 1984
Ders., *Der entgegenkommende und der stumpfe Sinn*, Frankfurt a. M. 1990
Ders., *Mythen des Alltags*, Frankfurt a. M. 1964
Bataille, G., *Die Erotik*, München 1994
Baudrillard, J., *La société de consommation*, Paris 1974
Ders., *Die fatalen Strategien*, München 1985
Ders., *Das System der Dinge*, Frankfurt a. M. 1991
Ders., *Von der Verführung*, München 1992
Ders./Codeluppi, V. (Hrsg.), *Il sogno della merce*, Mailand 1987
Bechelloni, G., *L'Immaginario quotidiano*, Turin 1984
Benetton, L., *Io e miei fratelli*, Mailand 1990
Benevolo, M./Coviello, C., *L'arte della pubblicità – Le grandi campagne del ventesimo secolo*, Mailand 1995
Benjamin, W., *Das Kunstwerk im Zeitalter seiner technischen Reproduzierbarkeit*, Frankfurt a. M. 1963
Berman, R., *Pubblicità e cambiamento sociale*, Mailand 1990
Brenner, C., *Grundzüge der Psychoanalyse*, Frankfurt a. M. 1972

Calabrese, O., *Carosello o dell'educazione serale*, Florenz 1975
Caroli, F., *L'arte della psicologia alla psicanalisi*, Bologna 1984
Ceserani, G. P., *I persuasori disarmati*, Bari 1975
Ders., *Storia della pubblicità in Italia*, Bari 1988
Costa, A., *Immagine di una immagine*, Turin 1993

Dorfles, G., *Artificio e natura* , Turin 1968
Ders., *Il Kitsch*, Mailand 1968
Ders., *Le oscillazioni del gusto*, Turin 1970
Ders., *Mode e modi*, Mailand 1979.
Ders., *Nuovi riti, nuovi miti*, Turin 1965
Ders., *Simbolo Comunicazione Consumo*, Turin 1962

Eco, U., *Il costume di casa*, Mailand 1973
Ders., *Il superuomo di massa*, Mailand 1978
Falabrino, G. L., *Effimera e bella*, Turin 1990
Fava, G./Vigano, A., *I film di Federico Fellini*, Rom 1987
Fornari, F., *Affetti e cancro*, Mailand 1985
Ders., *Cinema e icona*, Mailand 1979
Frampton, K., *Die Architektur der Moderne*, Stuttgart 2001
Freud, S., *Bildende Kunst und Literatur*, Frankfurt a. M. 1969
Ders., *Die Traumdeutung*, Frankfurt a. M. 1961
Ders., *Vorlesungen zur Einführung in die Psychoanalyse*, Frankfurt a. M. 1991

Gallo, M., *I manifesti nella storia e nel costume*, Mailand 1989
Girone, P., *La logica dell'emozione*, Mailand 1988
Gombrich, E. H., *Sigmund Freud und die Theorie der Künste*, o. O. 1980

Herriot, P., *An Introduction to the Psychology of Language*, London 1970
Honnef, K., *Warhol*, Köln 1997

Jodidio, P., *Tadao Ando*, Köln 1997
Jung, C. G., *Die Archetypen und das kollektive Unbewusste*, Freiburg i. Breisgau 1976
Ders., *Die Psychologie der Übertragung*, Zürich 1946
Ders., *Traumanalyse*, Freiburg i. Breisgau 1991

Krauss, R., *Die Originalität der Avantgarde und andere Mythen der Moderne*, Amsterdam 2000 (Schriftenreihe zur Geschichte und Theorie der Fotografie, Bd. 2)
Kris, E., *Die ästhetische Illusion. Phänomene der Kunst in der Sicht der Psychoanalyse*, Frankfurt a. M. 1977
Ders., *Psicanalisi e teoria dell'arte*, Rom 1987

Lagneau, G., *La sociologia della pubblicità*, Turin 1978
Lambert, Y., *Andres Serrano, A history of sex*, Paris 1997
Lancioni, O., *Andres Serrano*, Rom 1997
Lipovetsky, G. *L´empire de l´éphémère*, Paris 1987

McLuhan, M., *Die magischen Kanäle*, Dresden 1995
Moles, A., *Informationstheorie und ästhetische Wahrnehmung*, Köln 1971
Moles, A.,*Soziodynamik der Kultur*, Stuttgart 1976
Morris, D., *Der Mensch mit dem wir leben*, München 1978

Osterwald, F., *Pop art*, Köln 1997

Packard, V., *Die geheimen Verführer*, Düsseldorf 1958.
Panofsky, E., *Die Perspektive als ›symbolische Form‹*, Nendeln/Liechtenstein 1924/25
Pasolini, P. P., »Linguistische Analyse des Werbeslogans«, in: *Freibeuterschriften. Die Zerstörung der Kultur des einzelnen durch die Konsumgesellschaft*, Berlin 1998
Petrucci, A., »La scrittura fra ideologia e rappresentazione«, in: *Storia dell'arte italiana*, Bd. 9, Turin 1980
Propp, V., *Die historischen Wurzeln des Zaubermärchens*, München 1987
Ders., *The Morphology of the Folk Tale*, University of Texas Press 1968